职业院校电子商务专业精品系列课程

网络营销工具及其使用方法

主　编　何　牧

副主编　何双庆　覃　川　李　倩

编　者　赵平孟　黄杨杨　唐丽君

　　　　徐菲翊　翁小云　覃　慧

中国财富出版社

图书在版编目（CIP）数据

网络营销工具及其使用方法／何牧主编．—北京：中国财富出版社，2020.7（2024.2 重印）
（职业院校电子商务专业精品系列课程）
ISBN 978－7－5047－7128－5

Ⅰ.①网…　Ⅱ.①何…　Ⅲ.①网络营销－基本知识　Ⅳ.①F713.365.2

中国版本图书馆 CIP 数据核字（2020）第 016400 号

策划编辑 李彩琴　　**责任编辑** 张红燕　孟　婷
责任印制 尚立业　　**责任校对** 孙丽丽　　**责任发行** 杨　江

出版发行 中国财富出版社
社　　址 北京市丰台区南四环西路 188 号 5 区 20 楼　　**邮政编码** 100070
电　　话 010－52227588 转 2098（发行部）　　010－52227588 转 321（总编室）
010－52227566（24 小时读者服务）　　010－52227588 转 305（质检部）
网　　址 http：//www.cfpress.com.cn
经　　销 新华书店
印　　刷 北京九州迅驰传媒文化有限公司
书　　号 ISBN 978－7－5047－7128－5／F·3177
开　　本 787mm×1092mm　1/16　　**版　　次** 2020 年 7 月第 1 版
印　　张 13　　**印　　次** 2024 年 2 月第 2 次印刷
字　　数 292 千字　　**定　　价** 39.80 元

内容摘要

本书共分七个项目，充分考虑到当下网络营销趋势及企业对于网络营销岗位人才需求，由浅入深，以理论与实践相结合的方式展开各部分知识内容，主要内容包括认知网络营销、搜索引擎营销、EDM（电子邮件营销）、新媒体营销、软文营销、其他营销及网店运营等。

本书注重实训操作，以广西特色产品为例，通过真实运营操作，详细讲解网络营销的技巧及步骤，帮助学生学习基础知识之余，掌握网络营销常见工具的使用方法。

本书适合作为中职院校市场营销类、电子商务类、商务贸易类等相关专业在校学生的学习教材，也可供企事业网络营销在职人员阅读参考。

前　言

随着信息技术的发展，网络营销人才已经成为众企业的刚需，越来越多的企业注重线上与线下联合营销，如线下投放电梯广告、电子屏广告等传统广告，线上投放搜索引擎广告、微博广告、微信朋友圈广告，在各大网站上投放软文广告，这种全方位的整合式营销，已经被广泛认可。

在这种背景下，院校培养的适应电子商务发展需要的各类人才，不仅要具有网络营销的思维认知，还应该掌握目前市场上常见网络营销工具的使用方法，具备独立完成网络营销策划的能力，真正对接企业的网络人才需求，让学生掌握到更多职场工作技巧。

基于此考虑，为了满足市场对于网络营销人才的需求，更好地对接企业网络营销人才技能的要求，编者与北京博导前程信息技术股份有限公司共同联手，采访众多行业新媒体营销达人、企业专家等，从实际操作入手，编写完成本书。

本书介绍了目前网络营销主流营销工具及其使用方法，区别于传统教材，更注重实训内容，通过真实案例操作与实战，能够让学生快速掌握搜索引擎营销、EDM（电子邮件营销）、新媒体营销、软文营销和其他营销工具的操作技能。

编　者

2020 年 4 月

目 录

项目一　认知网络营销

任务一　网络营销概述

任务前导

随着互联网技术的不断发展，传统的营销方式已经不能满足企业的发展需要，以互联网为基础的网络营销应运而生，网络营销使企业纷纷改变原有的营销方式，积极利用新的营销方式和手段进行经营。那么，什么是网络营销？如何开展网络营销？接下来我们将进入网络营销相关内容的学习。

任务实施

通过该任务的学习，使学生能够了解网络营销的概念、特点、优势以及网络营销基础理论相关知识，并明确网络营销与其他营销方式的关系。

一、网络营销的概念、特点及优势

（一）网络营销的概念

网络营销（On - Line Marketing 或 E - Marketing）是一种主流的商业营销模式，它是以国际互联网为基础，利用数字化的信息和网络媒体的交互性来辅助营销目标实现的一种新型的市场营销方式，简单地说，网络营销就是以互联网为主要手段、为达到一定营销目的而进行的营销活动，有广义和狭义之分。

广义的网络营销指企业利用一切网络（包括社会网络、计算机网络、企业内部网、行业系统专线网、有线网络、无线网络、有线通信网络、移动通信网络等）进行的营销活动。

狭义的网络营销指组织或者个人利用开放便捷的互联网络，对产品和服务所进行的一系列销售活动，从而达到满足组织或个人需求的全过程。

（二）网络营销的特点

网络营销的特点主要体现在以下五个方面。

1. 时域性

互联网能够不受时间和空间限制进行信息交换，使企业的营销活动脱离时空限制进行交易成为可能，企业有了更多时间和更大空间进行营销，可以实现每周 7 天、每天 24 小时随时随地提供全球性营销服务，最大限度地占领市场份额。

2. 交互式

互联网不仅可以通过展示商品图像、查询商品信息资料库来实现供需互动与双向沟通，还可以进行产品测试、开展顾客满意度调查等活动，为产品联合设计、商品信息发布以及各项技术服务提供工具。

3. 个性化

网络营销改变了传统的由推销员强势推销的形式，采用互联网方式为用户提供营销活动信息，是一种由用户主导的、理性的、具有针对性的、低成本的营销方式，有利于企业与用户之间建立长期良好的合作关系。

4. 超前性

互联网是一种功能强大的网络营销工具，它同时具有渠道、促销、电子交易、互动、顾客服务以及市场信息分析等多种功能，能够帮助企业提前预测市场动态，更好地谋划其营销策略。

5. 高效性

计算机可以储存大量的信息，当顾客进行信息查询时，能够提供精确信息，并能够根据市场需求，及时更新产品、调整价格，有效满足用户的需求。

（三）网络营销的优势

1. 信息传播性

网络媒介具有传播范围广、速度快、无时间地域限制、无版面约束、内容详尽、多媒体传送、形象生动、双向交流、反馈迅速等诸多优点，大大降低了企业营销信息的传播成本。

2. 营销功能性

网络营销没有店面租金成本，并且具有产品直销功能，可以帮助企业减轻库存压力，降低运营成本。

3. 渠道便捷性

通过覆盖全球市场的国际互联网，企业可方便快捷地进入任何一国市场。网络营销为企业打开了一座通向国际市场的绿色通道。

4. 用户针对性

通过为用户提供众多的免费服务，网站可以建立完整的用户数据库，包括用户的地域分布、年龄、性别、收入、职业、婚姻状况、爱好等。

二、网络营销基础理论

学习网络营销基础理论是掌握网络营销方法、开展网络营销活动的前提。以下我们将从网络直复营销理论、网络关系营销理论、网络软营销理论、网络整合营销理论、网络体验营销理论这五个方面分别展开讲解。

（一）网络直复营销理论

直复营销是一种为了在任何地方产生可度量的反应或达成交易而使用的一种或多种广告媒体相互作用的营销体系。

网络直复营销的特征包括：①强调双向信息交流；②顾客与营销人员直接沟通；③具有全球性和持续性；④可以测定效果。

（二）网络关系营销理论

关系营销是指建立、维系和发展顾客关系，致力于建立顾客忠诚度的营销。

网络关系营销特征包括：①宏观上营销影响一系列领域，微观上注重保持与顾客的长期关系；②争取一个新顾客的营销费用比保持老顾客费用高出很多；③互联网实现双向沟通，为顾客提供更好的服务。

（三）网络软营销理论

软营销理论是依据体现强势营销特征的传统营销而提出的新理论，它强调顾客购买产品不仅满足其基本生理需求，还需满足高层次的精神和心理需求。

网络软营销的特征包括：①软营销强调尊重顾客的感受和体验；②软营销的主动方是顾客；③互联网应该遵循软营销规则；④网络社区自发形成或者利益驱动形成，成员都受尊重；⑤软营销强调网络礼仪。

（四）网络整合营销理论

网络整合营销理论中，顾客的重要性提高，4P 理论（产品、价格、渠道、宣传）转化为 4C 理论（顾客、成本、方便、沟通）。

网络整合营销特征包括：①产品和服务以顾客为中心；②以顾客接受的成本定价；③产品的分销以方便顾客为主，实行一对一、跨时空销售；④交互式营销加强与顾客沟通和联系。

（五）网络体验营销理论

营销过程中要考虑顾客的情感需要，注重顾客体验，把体验转化为顾客价值的组成部分，强调企业与顾客互动，强调顾客参与。

网络体验营销的特征包括：①互联网为体验营销提供了好的环境；②网络互动性适合体验营销发展；③网络营销注重顾客忠诚度。

三、网络营销实施的基本流程

常见的网络营销方法有搜索竞价、网站广告、软文宣传、网站SEO（搜索引擎优化）、网络视频广告、事件营销、博客宣传、论坛推广、口碑营销等。本部分内容主要以“沁漓旗舰店”为例，讲解网络营销实施的基本流程。

“沁漓旗舰店”是一家专注于销售高品质罗汉果的网店，以“原产地、好工艺、原滋味、放心果”为理念，打造散装罗汉果、礼盒罗汉果、罗汉果果肉、罗汉果花茶四大系列产品（见图1－1）。以下是“沁漓旗舰店”网络营销实施的基本流程。

图1－1　“沁漓旗舰店”罗汉果产品系列

步骤1：明确网络营销任务。

进行网络营销之前，首先应该根据企业具体情况，通过确定合理的目标，明确网络营销的任务。沁漓罗汉果将其网络营销的目标确定为提升品牌知名度，从而进一步提高市场占有率。

步骤2：网络市场细分，确定目标客户。

沁漓罗汉果将自身品牌定位为原产地、好工艺、原滋味、放心果的高品质罗汉果，并确定其目标客户为经常喝酒、嗓子干疼、口干舌燥、经常抽烟、常吸二手烟、频繁用嗓等的人群，如图1－2所示。

图1－2　“沁漓旗舰店”目标客户

步骤3：网店开设与装修。

明确网络营销任务之后，“沁漓罗汉果”在天猫平台上申请入驻，网店名称为“沁漓旗舰店”，如图1－3所示。

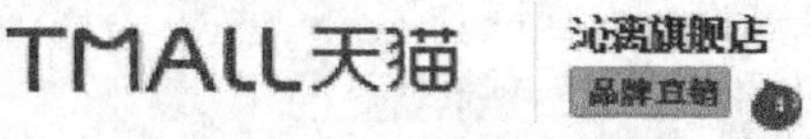

图1－3　网店名称截图

在网店装修风格上，网店首页轮播图海报以绿色为整体背景色调，沿用了和店铺招牌一致的色彩搭配，一是用以突出产品坚持原生态的理念，二是为了彰显产品的使用效果，即能够净化烟雾等对人体的伤害，如图1－4所示。

图1－4　网店首页截图

步骤4：确定网络营销渠道。

“沁漓旗舰店”在网络营销渠道的选择上，采用了传统的站内直通车推广、优惠券促销等活动，如图1－5、图1－6所示。

图1－5　直通车推广

图 1－6　优惠券促销

除此之外，“沁漓旗舰店”还对网店做了搜索引擎优化，通过在百度上搜索“沁漓罗汉果”，即可直接链接到相关店铺，大大增加了网店产品的曝光率，如图 1－7 所示。

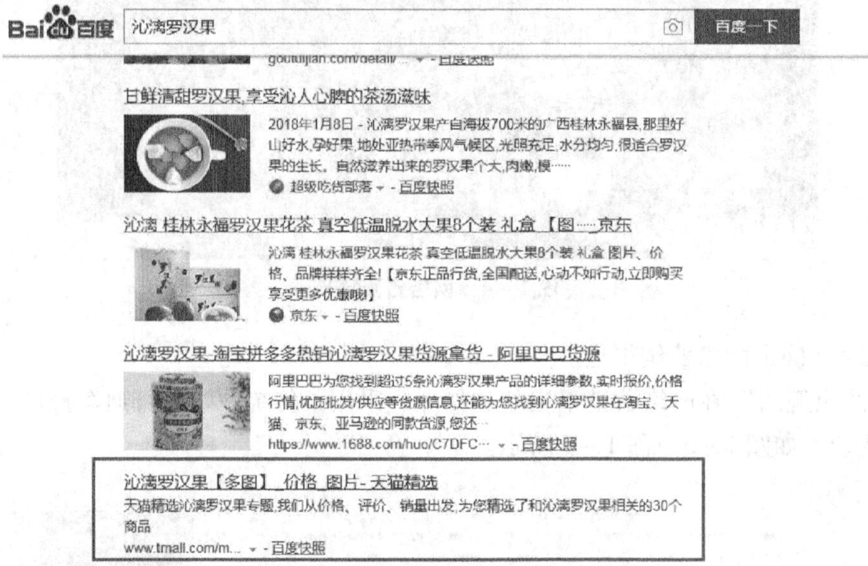

图 1－7　网店搜索引擎优化页面截图

步骤 5：衡量网络营销效果。

通过开展网络营销，“沁漓旗舰店”及时根据营销活动效果，调整经营策略，保证“沁漓旗舰店”的产品、服务快速升级，走在市场前列，不断给顾客带来惊喜。

任务总结

本任务主要讲解了网络营销基础知识，致力于培养学生对网络营销的整体认知。在学习过程中，学生要在仔细阅读教材的基础上，完成实践操作。本任务操作内容较为简单，学生需要将难点放在网络营销实施的基本流程部分，通过所给案例掌握网络营销实施的基本流程和步骤。

任务评价

<table>
<tr><td colspan="6">任务评价表</td></tr>
<tr><td colspan="2">任务完成方式</td><td colspan="4">□小组协作完成
□个人独立完成</td></tr>
<tr><td colspan="5">评价点</td><td>分值</td></tr>
<tr><td colspan="5">网络营销概念表述是否准确</td><td>10</td></tr>
<tr><td colspan="5">网络营销的优势总结是否全面</td><td>20</td></tr>
<tr><td colspan="5">网络营销特点归纳是否恰当</td><td>20</td></tr>
<tr><td colspan="5">网络营销基本理论阐述是否正确</td><td>20</td></tr>
<tr><td colspan="5">是否能够完成网络营销实施的基本流程</td><td>30</td></tr>
<tr><td colspan="6">任务总成绩：</td></tr>
<tr><td>自我
评价</td><td>（20%）</td><td>小组
评价</td><td>（20%）</td><td>教师
评价</td><td>（60%）</td></tr>
<tr><td colspan="6">存在的主要问题</td></tr>
<tr><td colspan="6"></td></tr>
</table>

任务二　网络营销与传统营销的关系及网络营销创新方法

任务前导

为了能够更加全面、系统地理解网络营销这一新型模式，我们需要与传统营销进行比较分析，从不同的层面理解网络营销的深刻含义。在本任务中，我们通过将网络营销与传统营销进行对比，继续讲解网络营销基本知识，从而探索出网络营销创新方法。

任务实施

本任务我们将从以下两个方面展开讲解，包括网络营销和传统营销的关系、网络营销创新方法。

一、网络营销和传统营销的关系

（一）网络营销与传统营销的联系

通常情况下，人们将互联网营销出现之前已经成熟的营销理论和方法称为传统营销。传统营销和网络营销之间并没有严格的界限，网络营销理论不可能脱离传统营销理论基础。

网络营销与传统营销具有一致的目的，并且在营销策略上可以实现目的的融合，它们之间存在一定的联系。

①有着相同的目标，即使顾客的需要和欲望得到满足，只不过借助网络，网上营销能更便捷、更好地实现营销的目标。

②营销的基本要素仍然是产品、价格、促销和渠道这四个要素，只是这四个要素的具体内容有了变化。

③并行不悖，谁也无法取代谁，而且往往两者互相配合，网络营销手段可为传统营销服务，传统营销手段也可为网络营销服务。

因此，网络营销并非独立的，而是企业整体营销策略的重要组成部分，网络营销与传统营销相结合形成一个相辅相成、互相促进的营销体系。

（二）网络营销与传统营销的区别

依托互联网而产生的网络营销，作为一种新的营销理念和营销方法，已经成为各国市场营销发展的趋势，并具有无可替代的功能和优势。网络营销是人类经济、科技、文化发展的产物，是传统营销在网络环境下的继承、发展和创新，网络营销较之传统营销，从理论到方法都有了很大的变化，这种变化表现在以下三个方面。

1. 理念的转变

无论是网络营销还是传统营销，都要确定目标群体。但是从理论上来讲，没有任何两个消费者是完全一样的。传统营销很难将目标消费者的需求从广大消费者中剥离出来。网络营销的出现，使大规模目标市场向个人目标市场的转化成为可能。通过网络，企业可以收集大量信息来反映消费者的不同需求，从而使企业的产品更能满足消费者的个性化需求。

2. 沟通方式的转变

营销活动需要商家采用不同的方式将商品信息传递给消费者。传统的信息传递方式是单向的，内容是单一的，消费者往往是被动接受，效果并不明显。在网络营销环境中，这种信息的传递和沟通方式发生了变化。

（1）信息输送的改变。传统营销采用传统的媒体广告、公关等方式向消费者提供单向的信息传输。信息传送后，企业难以及时得到消费者的反馈信息，因此企业的生产经营策略和营销方式的调整往往会滞后一步，这必然会影响企业发展目标和盈利的实现。同时，消费者总处于被动地位，他们只能根据广告等出现的频率及创意等来决定购买意向，很难进一步地、及时地得到有关产品功能、性能等的指标。

互联网的出现使传统的单向信息沟通模式转变为交互式营销信息沟通模式成为可能。企业以交互式信息沟通方式，一方面可以把信息及时地、源源不断地传递给消费者和公众，另一方面可以在网络上收集市场反应，从而最大限度地促进与消费者和潜在消费者之间的信息沟通。企业通过互联网为消费者提供丰富、翔实的产品信息，消费者通过网络向企业反馈信息。这是网络营销与传统营销最大的不同。

（2）信息内容的局限性。传统营销中，信息传播的直接途径是广告。利用报纸、杂志、广播等传统媒介发布广告，由于传统媒体的版面限制，所达到的营销目标也许只是企业的形象宣传，对产品的性能、特征、功效却无法进行深入描述与刻画。互联网的出现在很大程度上弥补了上述传统营销在沟通方式上存在的不足。互联网在理论上具有无限的信息储存和传输空间，企业可以在互联网上利用各种方式，为用户提供丰富翔实的产品信息以及所有与产品有关的其他信息，即使在一句十分简短的广告语中，企业也可以利用链接将客户带到他所感兴趣的、宣传企业产品和服务的页面上。

3. 营销策略的改变

传统营销中常用的是4P组合策略，即产品（Product）、价格（Price）、渠道（Place）和促销（Promotion），如果一个营销组合中包括合适的产品、适当的价格、多种渠道、有效的促销策略，那么这将是一个成功的营销组合。

随着市场竞争的日益激烈，营销手段越发趋于同质化，互相模仿的现象比较严重，新环境下的企业营销实践需要新理论的指导和补充，4C理论应运而生。4C包括消费者的需要及欲望（Consumer Wants and Needs）、消费者获取满足的成本（Cost to Satisfy Wants and Needs）、消费者购买的方便性（Convenience to Buy）、消费者的沟通（Communication），不管是强调4P还是追求4C，任何一种观念都必须基于这样一个前提：企业必须在产品的设计阶段就开始充分考虑消费者的需求与意愿。网络环境下，企业可以通过微博、微信和论坛等方式，与消费者进行信息的沟通和反馈，提高消费者的参与程度和积极性，使企业的决策有的放矢，从根本上提高消费者的满意度。

（三）网络营销对传统营销的冲击

网络营销作为一种全新的营销理念和营销方式，从根本上改变了传统营销的思路和格局，对传统营销形成巨大的冲击，突出表现在以下几个方面。

（1）对产品的冲击。网络覆盖广泛，企业可以在全球范围内进行市场调研，不仅能够迅速获得关于产品概念和广告效果测试的反馈信息，也能够测试出不同消费者的认知差异，从而更容易对消费者行为方式和偏好进行跟踪。因此，在互联网日益普及的情况下，满足消费者的个性化需求是完全可以实现的。

（2）对价格的冲击。随着互联网的日益普及，企业产品的定价策略将改变以企业为主导的现状，消费者将成为价格确定的主体。如果企业某种产品的价格标准不统一或经常改变，消费者将会通过互联网认识到这种价格的差异，并可能因此而对企业产生不满。所以相对于目前的各种传统媒体来说，互联网先进的网络浏览功能会使变化不定的且存在差异的价格趋于一致。

（3）对渠道的冲击。在传统营销渠道中，中间商是其重要的组成部分，其借助自身业务往来关系、经验、专门化和规模经营，提供给公司的利润通常高于自营商店所能获取的利润。但互联网的发展和商业应用，使得传统营销中间商因地缘获取的优势被互联网的虚拟性所取代，改变了传统营销渠道的多环节局面，将错综复杂的关系简化为单一关系。

（4）对买卖双方关系的冲击。互联网提供内容广泛的产品或者服务信息，并把这种内容同便捷的沟通和通信环境结合起来，创造一个能大面积产生并传播信息的环境。当互联网这个虚拟的社会在组织信息和进行信息交易时，网络信息中介商应运而生，它使消费者在与卖家讨价还价时处于主动的地位，帮助消费者向卖家索取更多的价值。

二、网络营销创新方法

未来网络营销模式会更加贴近消费者，将以消费者为中心，呈现出关联营销、互动营销、分享营销、体验营销等多种形式，下面，将以“沁漓罗汉果”网络营销创新方法为例，讲解“沁漓罗汉果”采用的创新方法与途径——体验营销与分享营销。

（一）体验营销

体验营销是一种通过看、听、用等手段，充分刺激和调动客户的感性因素和理性因素，重新定义、设计一种思考方式的营销方法。“沁漓罗汉果”体验营销策略的具体实施步骤如下。

步骤1：借助网络平台“试客联盟”参与试用活动，邀请客户体验并发布试用报告，如图1－8所示。

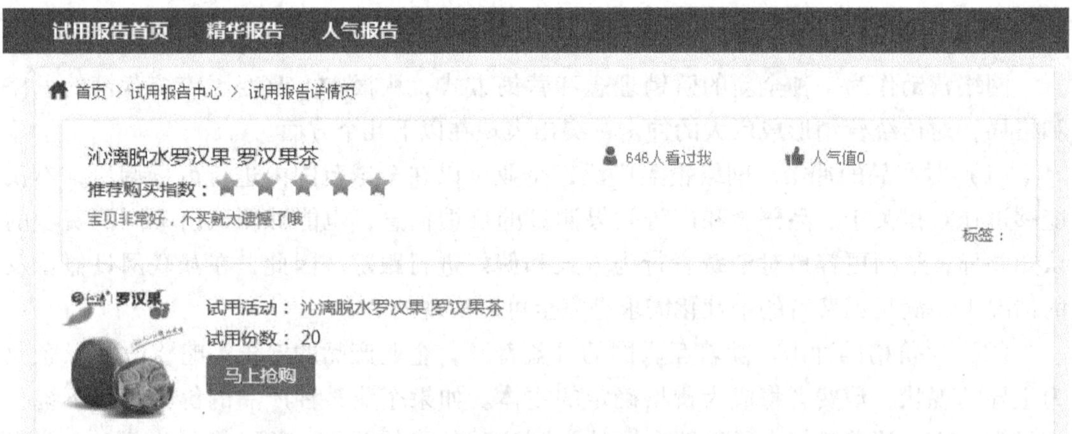

图1－8　参与试用活动页面截图

步骤2：由参与试用体验的客户对产品品质、大小、包装、物流等细节进行真实描述，并撰写相关报告供其他客户参考，如图1－9至图1－11所示。

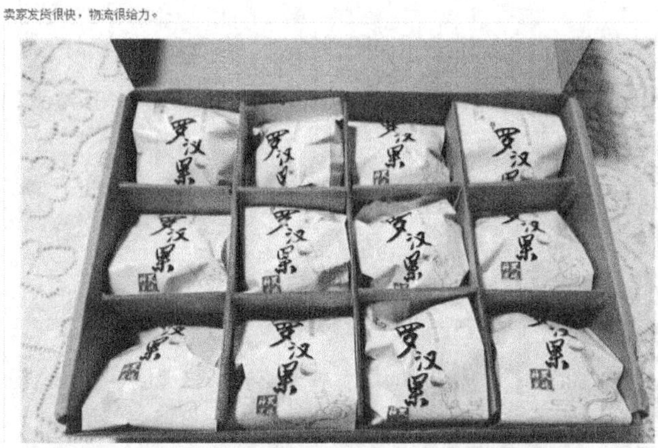

图 1－9　罗汉果物流点评页面截图

图 1－10　罗汉果包装点评页面截图

图 1－11　罗汉果品质点评页面截图

步骤 3：由体验客户对产品进行整体点评，如图 1－12 所示。

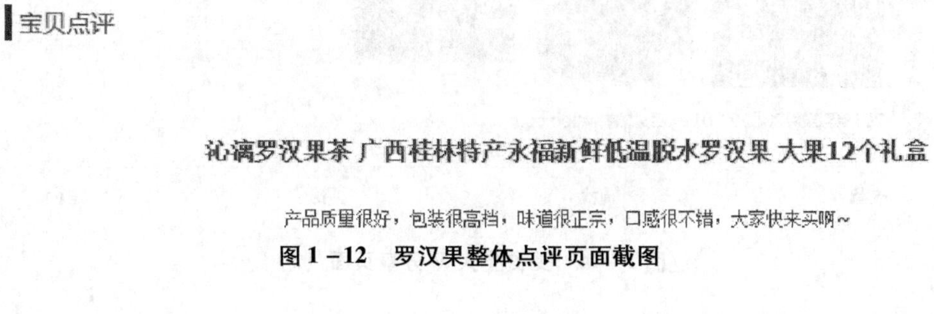

图 1－12　罗汉果整体点评页面截图

（二）分享营销

分享营销就是让客户或者会员，通过分享活动、产品及内容来增加免费流量，从而提高产品成交量。

“沁漓罗汉果”借助部分美食类知名微博账户，将罗汉果分享给粉丝用户，增加产品和网店的流量，如图 1－13、图 1－14 所示。

图 1－13　美食类大 V 分享页面（1）

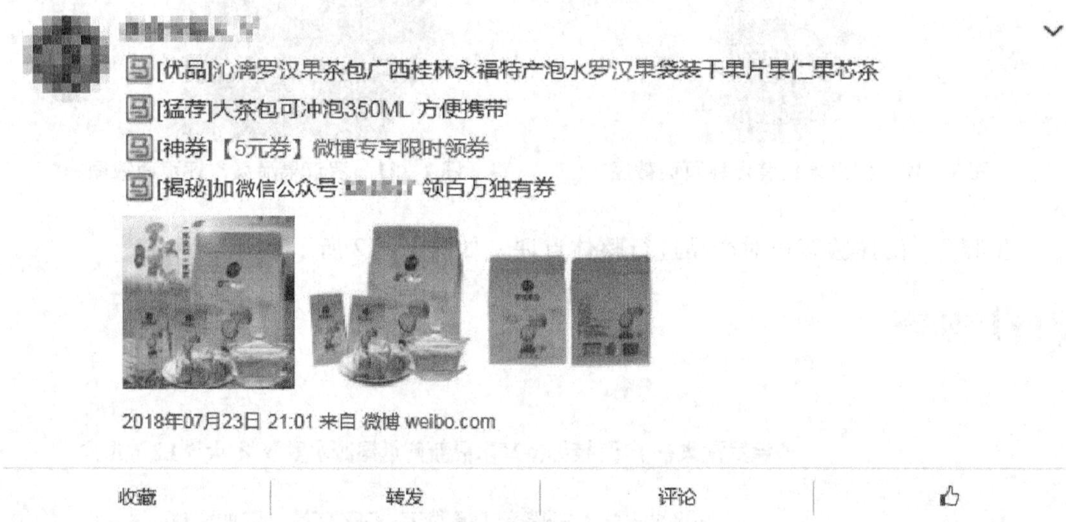

图 1－14　美食类大 V 分享页面（2）

任务总结

本任务主要讲解了网络营销与传统营销的联系与区别，重点培养学生针对网店和产品进行网络营销创新的能力。在学习过程中，学生要重点掌握网络营销创新方法，并能够实现举一反三，将其灵活应用于学习和实践中，不断探索网络营销的新方法。

任务评价

<table>
<tr><td colspan="6">任务评价表</td></tr>
<tr><td colspan="2">任务完成方式</td><td colspan="4">□小组协作完成
□个人独立完成</td></tr>
<tr><td colspan="5">评价点</td><td>分值</td></tr>
<tr><td colspan="5">网络营销和传统营销的关系总结是否准确</td><td>40</td></tr>
<tr><td colspan="5">体验营销的实施过程是否掌握</td><td>40</td></tr>
<tr><td colspan="5">分享营销的应用是否掌握</td><td>20</td></tr>
<tr><td colspan="6">任务总成绩：</td></tr>
<tr><td>自我
评价</td><td>（20%）</td><td>小组
评价</td><td>（20%）</td><td>教师
评价</td><td>（60%）</td></tr>
<tr><td colspan="6">存在的主要问题</td></tr>
<tr><td colspan="6"></td></tr>
</table>

延伸练习

背景：

沙田柚是广西容县一大特产，“6·18”年中大促，淘宝网店推出优惠促销活动：5斤包邮，原价99元，现价69元，用户还可以随机领取10元优惠券。现请学生根据本任务所学知识，完成此次“6·18”促销活动的网络营销方案策划。

步骤：

①学生根据百度指数，了解广西沙田柚的客户画像，并由此确定目标消费人群。

②学生根据客户特点，选择网络营销的渠道。

③学生根据所选渠道，确定网络营销实施的创新点和具体方案。

任务三　网络营销工具认知

任务前导

网络营销工具是在互联网上从事营销活动所使用的工具，它充分利用了互联网技术的一切特点，为网络营销目的服务。在本任务中，我们将通过认知网络营销工具，讲解网络营销常见工具的类型与特点，帮助企业更好地开展网络营销活动。

任务实施

现阶段的网络营销活动中，常用的网络营销工具包括搜索引擎营销、EDM（电子邮件营销）、新媒体营销、软文营销、视频营销以及 IM（即时通信）营销等。以下，我们针对这些常见的网络营销工具展开详细讲解。

（一）搜索引擎营销

搜索引擎营销，简称 SEM，搜索引擎营销就是基于搜索引擎平台的网络营销，借助人们对搜索引擎的依赖和使用习惯，在人们检索信息的时候尽可能地将营销信息传递给目标客户。

常见的搜索引擎营销有百度搜索、360 搜索以及搜狗搜索等，这里主要讲解以下两种。

1. 百度搜索

百度搜索致力于向人们提供“简单，可依赖”的信息获取方式，是全球著名的中文搜索引擎，也是中国网民高度依赖的信息资源平台，涵盖生活、学习、娱乐等全方位的中文网页数据库，“百度一下”已成为搜索的代名词。

2. 360 搜索

360 搜索是安全、精准、可信赖的新一代搜索引擎，其依托于 360 母品牌的安全优势，全面拦截各类钓鱼欺诈等恶意网站，提供更放心的搜索服务。

（二）EDM

1. EDM 概述

EDM（Email Direct Marketing），即电子邮件营销，指企业向目标客户发送邮件，建立同目标顾客的沟通渠道，向其直接传达相关信息，用来促进销售的一种营销手段。EDM 工具有多种用途，可以发送电子广告、产品信息、销售信息、市场调查、市场推广活动信息等。

2. EDM 类型

按照不同的标准，可将 EDM 分为不同的类别。按照是否经过用户许可分类，可分为许可 EDM 和未许可 EDM；按照 EDM 地址资源的所有权分类，可分为内部列表 EDM 和外部列表 EDM；按照营销计划分类，可分为临时性的 EDM 和长期的 EDM；按照 EDM 的功能分类，可分为顾客关系 EDM、顾客服务 EDM、在线调查 EDM、产品促销 EDM 等。

（三）新媒体营销

新媒体营销指利用新媒体平台进行营销的方式。常见的新媒体营销有微博、微信、今日头条等。

1. 微博

微博，其作为目前较为活跃的社交应用平台之一，具有强大的互动性及便捷性，因此微博平台成为众多企业与客户之间互动的首选平台。同时，微博营销也为企业提供了快速获取客户反馈信息的通道，可以让企业及时获取客户对产品的建议和意见。

2. 微信

微信作为移动端流量与用户最多的社交应用软件，其具有强关系、点对点的营销特点，因此对于很多传统企业而言，微信营销的尝试无疑成为布局移动端的必备战略之一。企业利用微信开展营销的形式有朋友圈营销、公众号营销、小程序营销、微信群营销四种。

微信营销的功能如图 1－15 所示。

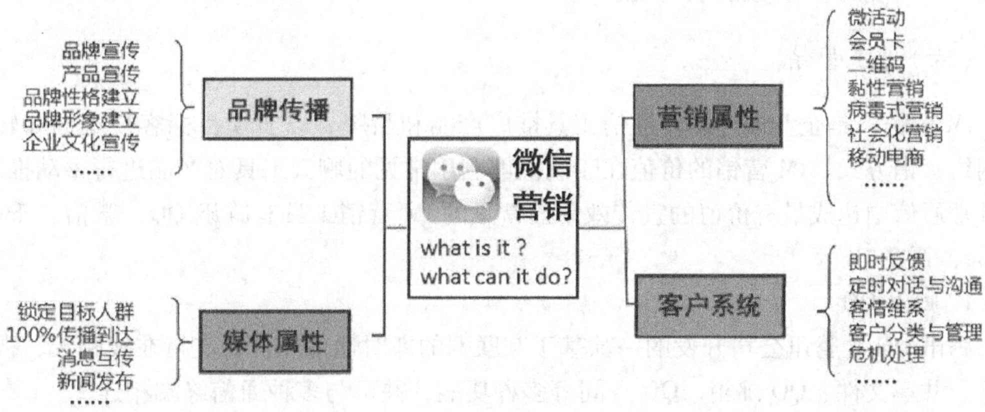

图 1－15　微信营销的功能

3. 今日头条

今日头条是一款能够依据用户浏览习惯为用户推送符合其习惯的资讯的平台，该平台最大的特点在于它突破了以往新闻资讯平台信息单一的束缚，汇集了包括新闻、娱乐、购物、视频、图片、段子等各式各样的资讯，而后依据不同用户的习惯进行有针对性的推送，让用户浏览资讯更有效率，由于今日头条的这一特性，使其成为一个重要的营销推广工具。

（四）软文营销

软文营销指企业通过策划在报纸、杂志、网络等宣传载体上刊登的可以提升企业品牌形象和知名度，或可以促进企业销售的一些宣传性、阐释性文章的营销。软文类型包括但不限于特定的新闻报道、深度文章、付费短文广告、案例分析等。软文有三种基本类型：新闻型软文、行业型软文以及用户型软文。

新闻型软文包括新闻通稿、新闻报道、媒体访谈，是以媒体记者身份发出，具备官方和权威性，直接介绍企业实力、品牌形象。

行业型软文包括权威论证、观点交流、人物访谈、实录等。此类文章通常是为了扩大行业影响力，奠定行业品牌地位。

用户型软文是以一般用户或者第三方的角度，传播品牌或者产品的优点、正面形象、企业实力、服务质量等，能在不知不觉中对消费者产生良好影响。

（五）视频营销

视频营销指基于视频网站为核心的网络平台，以内容为核心、创意为导向，利用精细策划的视频内容实现产品营销与品牌传播目的的营销。

视频营销的形式从传统的网站视频、电视视频演变成如今的弹幕视频、短视频、直播视频。视频作为一种高效直观的内容营销方式，是培育顾客、与消费者交流、提高品牌知名度的较有效营销工具之一。

（六）IM 营销

IM 营销，是企业通过即时通信工具推广产品和品牌，以实现目标客户挖掘和转化的网络营销方式。IM 营销的价值在于它能够利用常见的聊天工具对产品进行主动推广，在日常通信中达成最有价值的宣传效果。常见的 IM 营销工具有腾讯 QQ、微信、千牛、Skype、百度 Hi 等。

1. 腾讯 QQ

腾讯 QQ 是腾讯公司开发的一款基于互联网的即时通信软件，支持在线聊天、视频通话、共享文件、QQ 邮箱、QQ 空间等多种功能，并可与多种通信终端相连。

2. 微信

微信（WeChat）是腾讯公司于 2011 年年初推出的一款快速发送文字和照片、支持多人语音对讲的手机聊天软件。用户可以通过手机或平板 PC 端快速发送语音、视频、图片和文字。

3. 千牛

千牛是阿里巴巴集团官方出品的，淘宝卖家、天猫商家均可使用的即时聊天工具。千牛包含卖家工作台、消息中心、阿里旺旺、量子恒道、订单管理、商品管理等主要功能，目前有 PC 版和手机版两个版本。

除以上介绍的三种软件之外，全球免费的语音沟通软件 Skype 以及百度公司推出的集文字消息、语音、视频通话、文件传输等功能的百度 Hi 也是常用的即时通信软件。

任务总结

本任务主要讲解了几种常见的网络营销工具，帮助学生认识并熟悉常见的网络营销工具。在学习以及实践过程中，学生要针对具体情况选择合适的网络营销工具，确保网络营销效果的实现。

任务评价

<table>
<tr><td colspan="6">任务评价表</td></tr>
<tr><td colspan="2">任务完成方式</td><td colspan="4">□小组协作完成
□个人独立完成</td></tr>
<tr><td colspan="5">评价点</td><td>分值</td></tr>
<tr><td colspan="5">对网络营销工具是否了解</td><td>40</td></tr>
<tr><td colspan="5">各种网络营销工具的特点是否明确</td><td>60</td></tr>
<tr><td colspan="6">任务总成绩：</td></tr>
<tr><td>自我
评价</td><td>（20%）</td><td>小组
评价</td><td>（20%）</td><td>教师
评价</td><td>（60%）</td></tr>
<tr><td colspan="6">存在的主要问题</td></tr>
<tr><td colspan="6"></td></tr>
</table>

项目二　搜索引擎营销

任务一　站内搜索引擎优化

任务前导

随着互联网的普及，越来越多的人选择使用搜索引擎进行网络信息检索，这样既能节省时间，又能减轻工作量。那么，什么是搜索引擎？搜索引擎的工作原理是什么？常用的搜索引擎有哪些？下面我们将围绕这些问题，依次展开讲解。

任务实施

开展搜索引擎营销之前，需要了解其理论知识，包括搜索引擎概述、搜索引擎的工作原理及搜索引擎优化认知。

一、搜索引擎概述

（一）搜索引擎的概念

搜索引擎，指按照一定的策略及算法，对互联网上的信息进行处理，将与用户检索相关的信息展现出来的系统，由搜索器、索引器、检索器和用户接口四个部分组成。比如，当用户在浏览器搜索框中搜索“广西特产”时，计算机会根据搜索引擎预设的检索方法，将与“广西特产”相关的信息全部呈现在用户的搜索结果中，如图 2－1 所示。

（二）搜索引擎的分类

常见的搜索引擎有全文搜索引擎、目录搜索引擎、元搜索引擎、垂直搜索引擎、集合式搜索引擎、门户搜索引擎六类。

1. 全文搜索引擎

全文搜索引擎通过对文件建立以词库为目录的索引，当用户在检索词条时，系统

图 2－1　百度检索“广西特产”结果页面截图

会定位出该词条出现的位置并将其展现在用户面前。

2. 目录搜索引擎

目录搜索引擎通过对网上搜索到的网页内容进行分类，将其按照不同主题目录完成归类，最终形成分类索引，用户只需按照网站提供的主题分类目录，便可逐级查询到所需信息。

3. 元搜索引擎

元搜索引擎通过一个统一的界面帮助用户在多个搜索引擎中选择合适的搜索引擎实现检索操作。

4. 垂直搜索引擎

垂直搜索引擎其更加侧重于垂直领域的搜索，如机票搜索、小说搜索、购物搜索等。

5. 集合式搜索引擎

集合式搜索引擎与元搜索引擎类似，不同之处在于，集合式搜索引擎是由用户从提供的多个搜索引擎当中选择其中一个或几个进行信息检索。

6. 门户搜索引擎

门户搜索引擎往往用于门户网站中，方便用户在门户网站中快速查询到所需信息，如搜狐搜索。

（三）搜索引擎营销的重要性

搜索引擎营销的重要性，主要体现在以下三个方面。

①在网络营销的大环境中，搜索引擎营销是其重要的一部分，能够推动网络营销的发展。

②从效果来看，搜索引擎营销能够为企业带来良好的营销转化，如客户商机、客户咨询、客户流量等。

③营销是电子商务发展的重要组成部分，搜索引擎营销更是当下众多电子商务企业所采用的主流营销方式之一。

二、搜索引擎的工作原理

搜索引擎的工作原理包括三个过程：信息爬行和抓取、信息预处理、搜索结果展现，如图 2－2 所示。

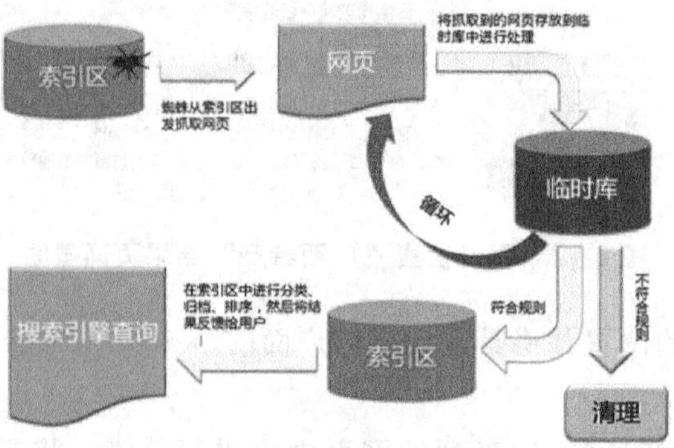

图 2－2　搜索引擎工作原理

1. 信息爬行和抓取

在庞杂的互联网信息中，搜索引擎的数据抓取系统，像蜘蛛一样在网络间爬行，对互联网信息进行收集、保存、更新，通常被称为爬虫（Spider）。Spider 会根据友好性、URL（统一资源定位系统）重定向的识别、优先级调配等策略，完成对互联网页面信息的抓取工作，如图 2－3 所示。

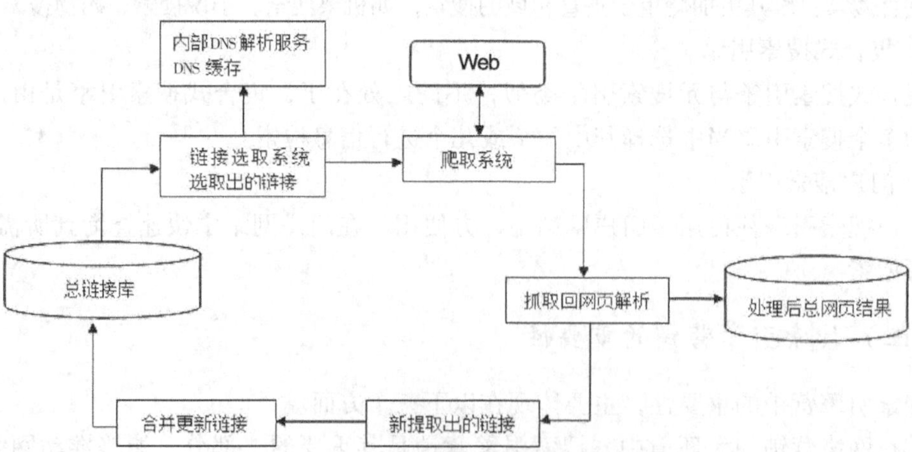

图 2－3　Spider 抓取系统基本框架

2. 信息预处理

当搜索引擎数据抓取系统抓取到网页后，会对现有信息开展大量的预处理工作，包括提取关键词、创建索引库和索引、按照一定的维度进行排序等。除了这些工作之外，还会进行去除重复网页、判断网页类型、计算网页的重要度等操作，这些都是数据抓取系统的信息预处理工作。

3. 搜索结果展现

网页完成了抓取建库、排名处理等工作之后，当用户输入关键词进行检索时，搜索引擎会将匹配到的信息按照一定规则展示出来，展示内容有网页标题、URL（统一资源定位符）、网页摘要等信息，如图 2-4 所示。

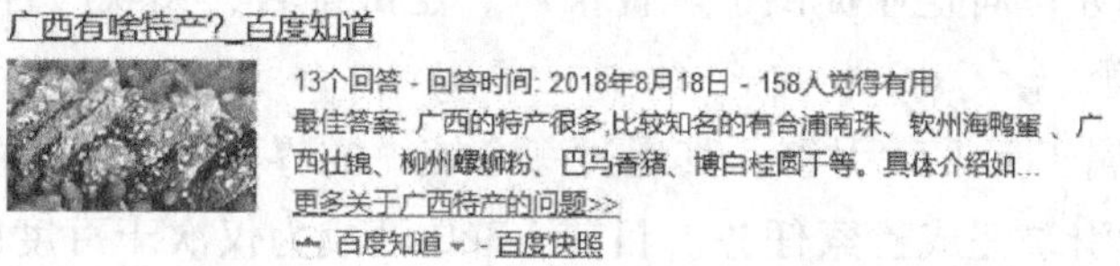

图 2-4 搜索结果展示页面截图

三、搜索引擎优化认知

搜索引擎优化，即 SEO（Search Engine Optimization），是利用搜索引擎规则提高网站在相关搜索引擎内自然排名的一种方式。

（一）搜索引擎优化发展及现状

搜索引擎优化是和搜索引擎同步发展起来的，其发展过程主要有四个阶段。

第一阶段：1994—1997 年，搜索引擎出现。

这一阶段，是搜索引擎优化的雏形时期，中文网站很少出现，人们对于让网页内容符合搜索引擎数据库原理有了模糊的意识。

第二阶段：1998—1999 年，搜索引擎多元化发展。

Alta Vista（远景公司）、Google、FAST（迅捷网络）等公司先后在搜索引擎领域进行大力创新，满足用户多种检索需求，并且开始设立了多语种的网站，搜索引擎上开始出现广告。

第三阶段：2000—2001 年，百度搜索出现，搜索引擎革新。

从 2000 年开始，用户对于搜索引擎的检索速度和精确性提出了较高要求，希望在搜索中能够弱化广告。2001 年，百度公司成立。同年，搜索引擎市场经历大清洗，收费登录出现，人们开始注重小而精的搜索引擎。

第四阶段：2002—2007 年，SEO 激烈角逐。

搜索引擎就 SEO 优化体系经过不断地探索后，其展现效果终于走向合理化、稳定化，改善了搜索引擎优化中投机取巧的现象，让 PPC（点击付费广告）成为营销策略中的重要手段。

（二）常用搜索引擎

国内常用的搜索引擎有百度、360 等，国外常用的搜索引擎有雅虎、必应等，其工作原理相似，却又各有不同。

1. 百度搜索引擎

百度搜索引擎是全球最大的中文搜索引擎。目前，其向个人提供了网页搜索、MP3 搜索、图片搜索、新闻搜索、百度贴吧、百度知道、百度百科、搜索风云榜、百度影视等主要产品和服务；向企业提供了软件推广、竞价排名、关联广告等服务。

2. 360 搜索引擎

360 搜索引擎属于元搜索引擎，其通过一个统一的界面，帮助用户在多个搜索引擎中选择合适的搜索引擎完成检索任务。目前，360 已成为仅次于百度的中国第二大搜索引擎。

360 搜索引擎为用户提供了新闻搜索、网页搜索、微博搜索、视频搜索、MP3 搜索、图片搜索、地图搜索、问答搜索、购物搜索等服务，通过对互联网信息的及时抓取和主动呈现，为用户提供实用且便利的搜索服务。

3. 雅虎搜索引擎

雅虎是最老的分类目录搜索数据库，也是重要的搜索服务网站之一，它通过合理、层次深的分类目录，能够让用户快速、便捷地搜索到全球的 50 亿网页、1500 万音乐、15 亿图片库。

4. 必应搜索引擎

必应（Bing）搜索引擎，是全球领先的搜索引擎之一。必应搜索引擎集合了每日首页美图、超级搜索功能、搜索结果导航模式等多个独特功能，让用户在搜索时，可以一键直达网页、图片、视频、词典、翻译、资讯、地图等全球信息。

任务总结

本任务主要讲解了搜索引擎优化的相关知识，致力于使学生完成搜索引擎相关知识的认知，包括搜索引擎的概念、分类、重要性和工作原理，搜索引擎优化的发展，以及常见的搜索引擎。本任务学习内容较为简单，学生主要以认知和理解为主。

任务评价

任务评价表

任务完成方式	□小组协作完成 □个人独立完成

续　表

<table>
<tr><td colspan="6">任务评价表</td></tr>
<tr><td colspan="5">评价点</td><td>分值</td></tr>
<tr><td colspan="5">搜索引擎营销概念、分类、重要性理解是否准确</td><td>30</td></tr>
<tr><td colspan="5">是否能够表述出搜索引擎工作的基本原理</td><td>30</td></tr>
<tr><td colspan="5">是否了解搜索引擎优化的发展与现状</td><td>20</td></tr>
<tr><td colspan="5">是否了解常用的搜索引擎</td><td>20</td></tr>
<tr><td colspan="6">任务总成绩：</td></tr>
<tr><td>自我
评价</td><td>（20%）</td><td>小组
评价</td><td>（20%）</td><td>教师
评价</td><td>（60%）</td></tr>
<tr><td colspan="6">存在的主要问题</td></tr>
<tr><td colspan="6"></td></tr>
</table>

延伸练习

背景：

广西巴马印象生活体验产业有限公司是一家专注于广西特色食品生产、加工、销售的食品企业，是巴马专业养生长寿食品生产加工的基地之一，其官网是 http：//www. bamayx. com/，请同学们借助网络查看该公司在搜索引擎上投放了哪些广告并通过该公司官网熟悉其企业及产品。

步骤：

①学生通过百度搜索进入广西巴马印象生活体验产业有限公司官网。

②查看并熟悉企业及其产品。

③打开各大搜索引擎（百度、搜狗、360 等）。

④分别查看广西巴马印象生活体验产业有限公司在这些搜索引擎上投放的广告。

⑤记录查看到的广告（包括来源、数量、标题等）。

任务二　搜索引擎营销

任务前导

目前，许多企业都会通过搜索引擎营销的方式提高网站流量，提升品牌知名度。那么，什么是搜索引擎营销？常见的搜索引擎营销形式有哪些？可以使用什么工具开展搜索引擎营销活动？接下来，我们将一一进行讲解。

任务实施

学习搜索引擎营销，需要先简单了解相关的基础知识，然后着重了解搜索引擎营销工具及其使用方法。

一、搜索引擎营销认知

（一）搜索引擎营销的定义

搜索引擎营销，简称SEM，是基于搜索引擎平台的网络营销。该营销方式利用搜索引擎，将营销信息传递给正在搜索引擎上检索信息的用户。

（二）搜索引擎营销的特点

SEM与SEO都是搜索引擎营销的方式，相比较而言，SEM的投资回报率高于SEO，获取顾客的概率较大。表2－1是对两者特点的对比。

表2－1　SEM与SEO的特点对比

营销方式	SEM	SEO
计费	CPC①	免费
优点	（1）效果立竿见影； （2）成本可控； （3）内容灵活多变	（1）效果难以被替代； （2）显示自然搜索结果； （3）有益于品牌影响力打造
缺点	（1）展现位置被取代风险较高； （2）存在恶意点击； （3）营销成本高	（1）效果显示较慢； （2）展现位置无法精准预估； （3）受搜索引擎检索规则影响

（三）搜索引擎营销的意义

搜索引擎营销的意义具体体现在以下几个方面。

（1）无论是付费排名，还是精准广告，都能够在短时间内帮助企业网站获取即时流量。

（2）可以帮助网站快速获取大量的数据信息，便于进行网站相关测试，如关键词流量测试、网页流畅度测试、用户行为测试等，可以有效配合SEO进行效果监控与评估。

① CPC，每次点击所需成本，以每点击一次进行计费。

（3）SEM 的推广费用、展示效果、点击数量、转化情况，都有清晰统计，能够帮助企业有效控制线上推广成本，了解线上推广效果。

（4）SEM 推广是一种基于大数据的精准投放，能够帮助企业定位到线上精准度高、意向性强的用户，从而提升线上推广的转化率。

（5）品牌曝光度高，企业可以采用百度的品牌类推广工具，快速传播品牌。

二、搜索引擎营销工具模式分析

（一）搜索引擎营销模式

搜索引擎营销模式丰富多样，在百度平台上，目前常用到的有搜索广告、信息流广告、开屏广告、聚屏广告、百意广告五大模式，如图 2－5 所示。

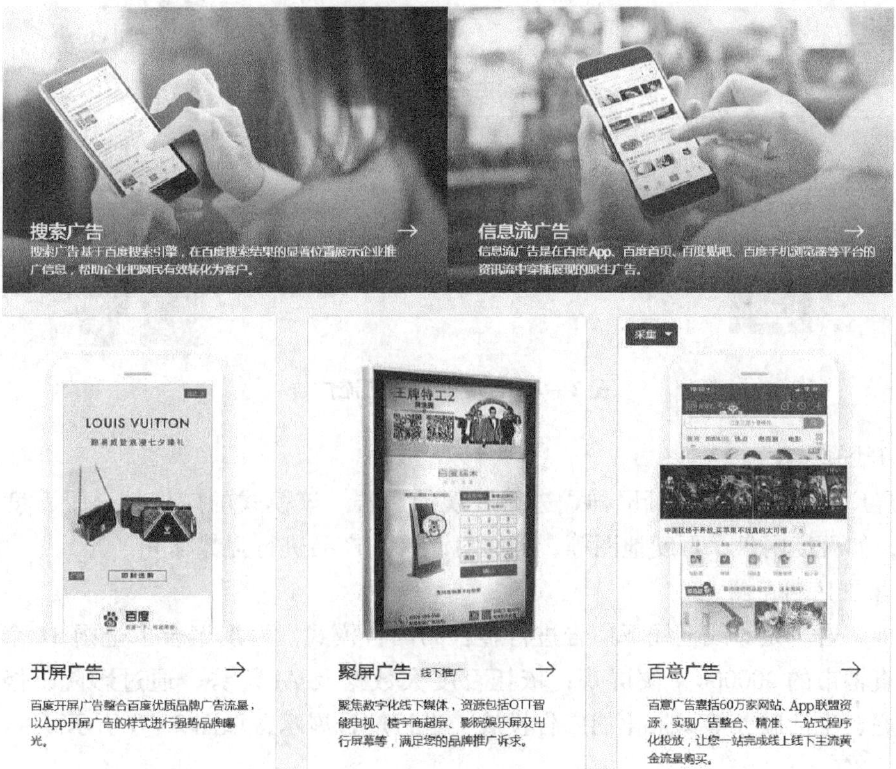

图 2－5　百度广告类型范例

1. 搜索广告

搜索广告，在百度搜索结果显著的位置展示企业的推广广告，当用户点击时产生扣费，不点击不扣费。目前，开通的搜索广告有扩大销售类、品牌推广类、商品推广类、本地推广类、App 推广类五种，如图 2－6 所示。

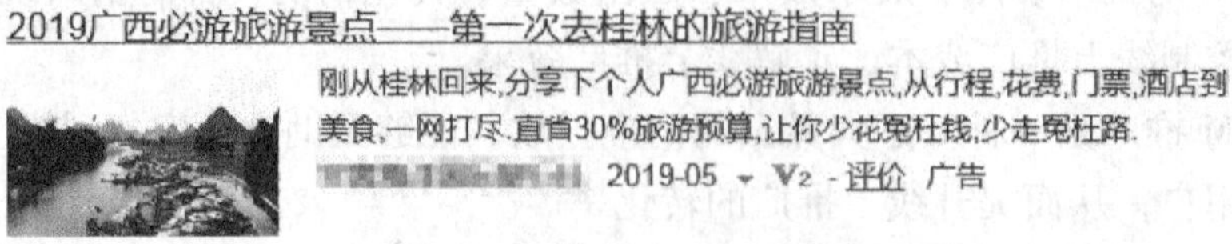

图 2－6　搜索广告案例截图

2. 信息流广告

信息流广告，是百度的一种原生广告，会穿插在百度 App、百度首页、百度贴吧、百度手机浏览器等平台资讯中，作为资讯内容的一部分进行展现，如图 2－7 所示。

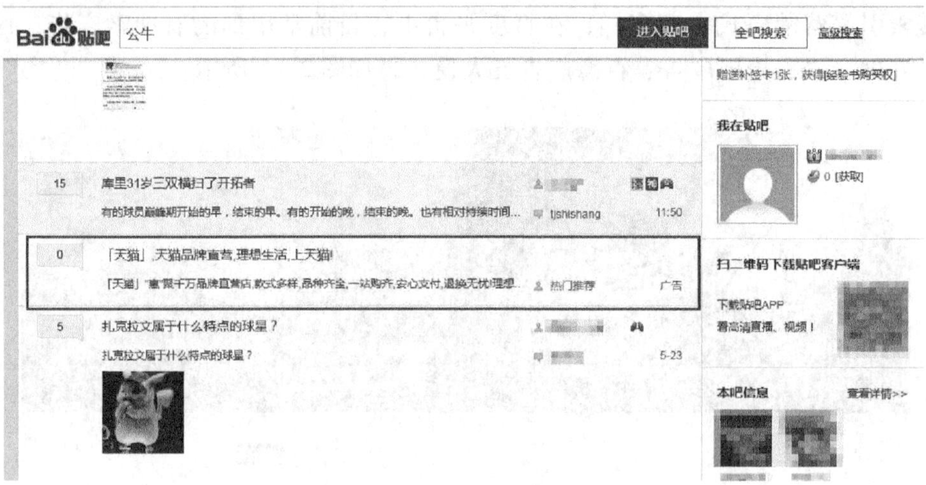

图 2－7　百度贴吧信息流广告

3. 开屏广告

开屏广告，是以 App 开屏样式进行展现的广告。该模式的广告整合了百度优质品牌 App，如百度网盘、百度地图等，能够对品牌、产品进行强势曝光。

4. 聚屏广告

聚屏广告，是对线上线下广告进行整合的广告模式。百度聚合了全国 31 个省、自治区、直辖市的 300000＋块屏幕，依托百度大数据及 AI 优势，通过影院、楼宇、出行、家庭、生活服务等场景化的广告投放，进行广告展示，如图 2－8 所示。

图 2－8　聚屏广告示例

5. 百意广告

百意广告的特点是可以抓取兴趣、属性等和企业产品相符的目标用户，在百度搜索引擎显眼的位置进行精准的广告投放，如图 2－9 所示。

图 2－9　百意广告示例

（二）搜索引擎营销工具使用——百度营销

1. 百度营销工具简介

百度营销是百度公司推出的搜索引擎营销工具，企业需要付费购买该工具所提供的服务。百度会按照实际点击量（潜在用户访问数量）进行收费，每发生一次点击，会产生几角到几元不等的费用，图 2－10 所示为百度营销 Logo。

图 2－10　百度营销 Logo

百度营销的推广原理：企业提交一定数量的关键词后，其推广信息会优先出现在用户的搜索结果中，从而为企业带来一定的点击量和流量，最终达成营销目标。其营销步骤如图 2－11 所示。

作为企业开展搜索引擎营销惯用的工具，百度营销具有四大优势。这四大优势成就了百度营销在搜索引擎营销领域独一无二的地位。接下来，我们将展开讲解该工具

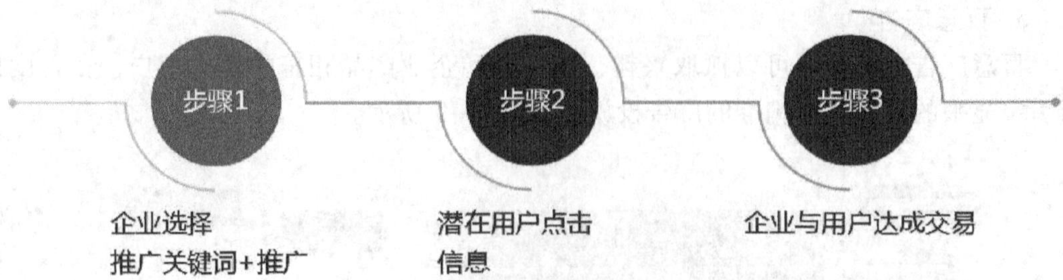

图 2－11　百度营销的营销步骤

的使用方法。

2. 百度营销工具使用

百度营销工具的使用，我们将从三个方向展开。

(1) 申请百度营销账号。

步骤 1：注册百度营销账号。输入网址 www2. baidu. com，进入百度营销官网首页，如图 2－12 所示。

图 2－12　百度营销首页截图

步骤 2：点击登录框下的“注册”按钮，进入百度营销注册页面，按照要求填写或提交相关信息，如图 2－13 所示。

需要注意的是，申请百度营销账号，广告主需要满足以下四个条件：

①账号信息填写完整。

②所提供信息真实有效，公司信息与网站持有者、控制人、运营商的信息保持一致。

③注册信息中的网址主域名和关键词链接的主域名保持一致。

④网站界面具有唯一性。

图 2－13　注册百度营销账号

步骤 3：为账户支付必要的预付款，百度客服对账号进行审核，收到预付款之后，两个工作日内会处理广告主的申请，审核广告主推广资质，授权开通百度营销账号。

（2）使用百度营销开展搜索引擎营销操作。

步骤 1：使用注册百度营销时的账号和密码进行登录，进入首页，如图 2－14 所示。

图 2－14　百度营销账号首页

步骤 2：新建推广计划。

①进入推广中心，选择首页的搜索推广服务，点击“进入”按钮，进入搜索推广类广告的设置后台，如图 2－15 所示。

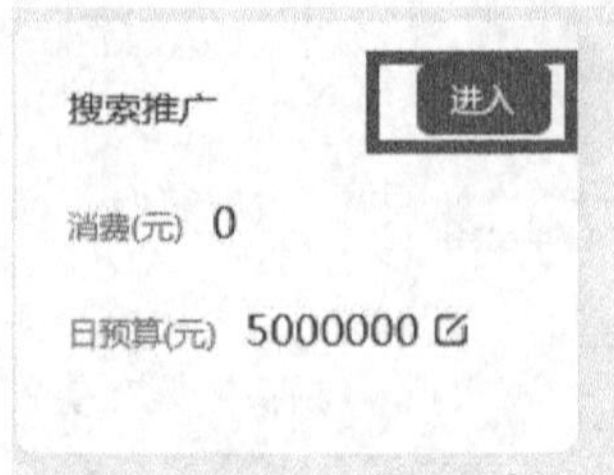

图 2－15 “进入”按钮

②点击导航栏中的“计划”按钮，选择计划设置页面的“新建计划”按钮，如图 2－16 所示。

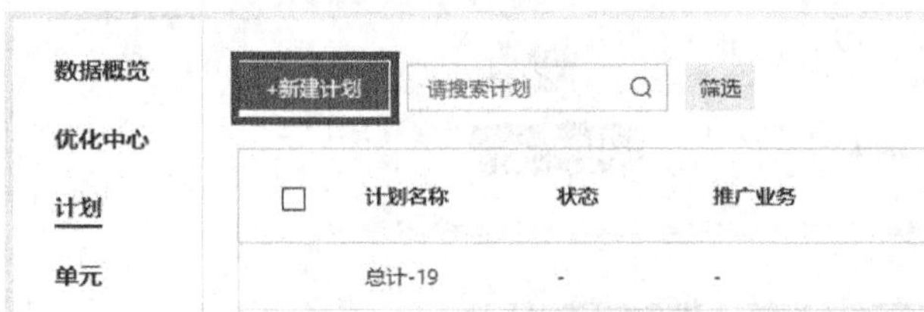

图 2－16 “新建计划”按钮

根据公司业务，设置推广计划的营销目标，包括提升网站访问、推广 App、推广门店等。百度营销在该部分设计了标准和快速两种计划搭建方式，企业可以结合自身需要选择其中一种进行计划的搭建，如图 2－17 所示。

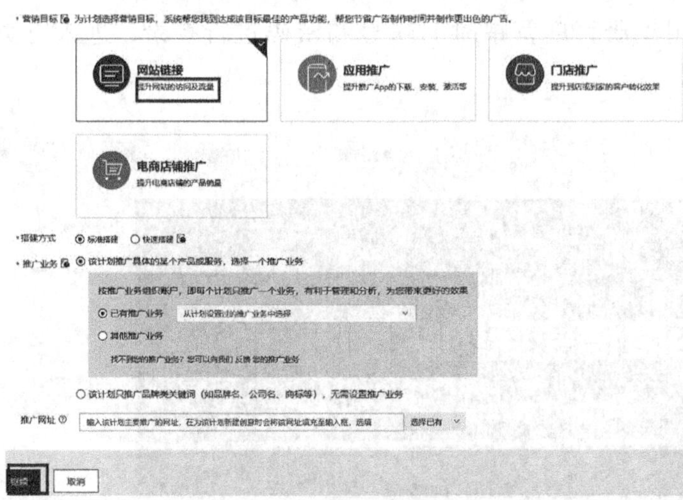

图 2－17 设置计划的营销信息

③点击“继续”按钮，进入计划的详细设置页面。在该部分，企业需要设置计划名称、推广地域、推广时段、推广方式、设备出价、推广预算、人群定位等信息，如图 2－18 所示。

图 2－18　设置推广计划

需要注意的是，该模块在设置设备出价时，需要留意系数的设置，如图 2－19 所示。比如设置了以移动出价为基准，计算机出价系数为 2，那在该计划下新建的所有推广单元，都将优先以移动端出价为准，计算机端的出价则根据设置的系数计算，若移动端某个关键词出价为 3 元，那么计算机端的出价就是 3×2＝6（元）。

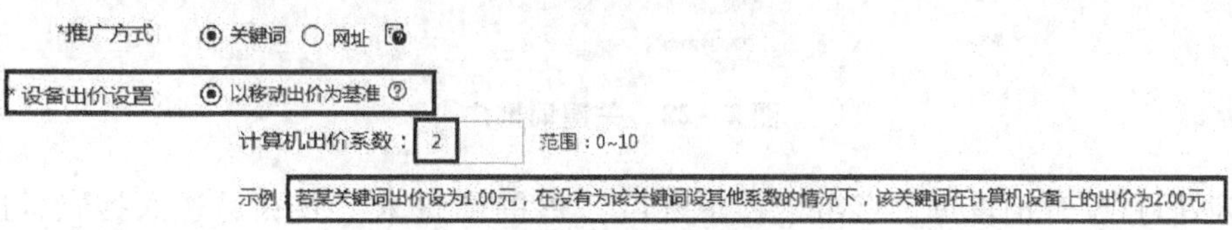

图 2－19　设备出价设置

④设置完成后，点击“保存并新建单元”，如图 2－20 所示。

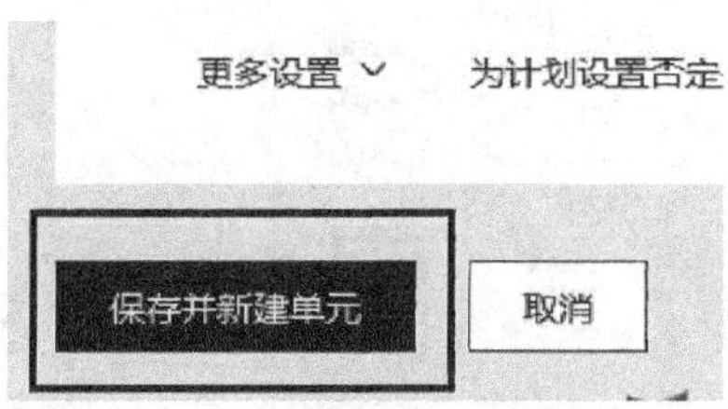

图 2－20　“保存并新建单元”按钮

步骤3：新建推广单元。

完成步骤2的操作后，会进入新建推广单元设置页面，如图2－21所示。在该模块，需要设置推广单元名称、单元出价、出价系数、关键词、出价策略等，设置完成后，点击“保存”，完成推广单元的新建。

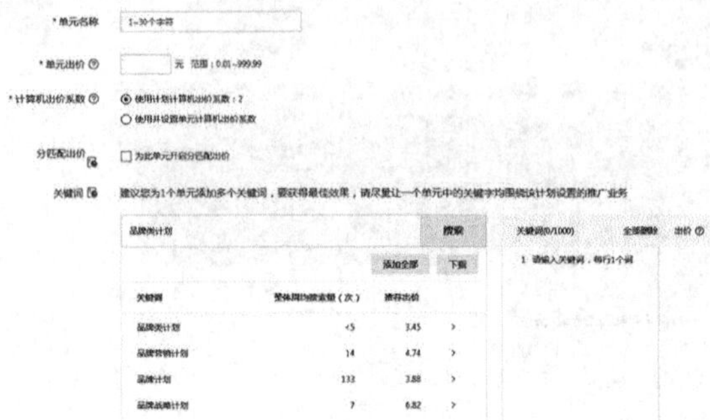

图2－21　新建推广单元

步骤4：选择关键词。

创建了推广单元后，便可以在单元内设置相应的关键词，如图2－22所示。可以依照以下步骤进行。

图2－22　关键词推广

①返回百度营销首页，点击“搜索推广”后的“进入”按钮，进入搜索推广类广告的设置后台。

②点击“定向”按钮，如图2－23所示，进入关键词设置页面，如图2－24所示。

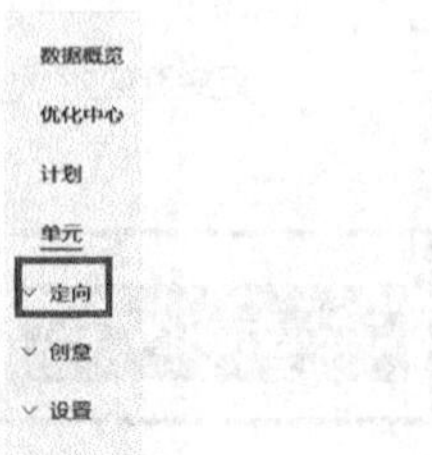

图2－23　“定向”按钮

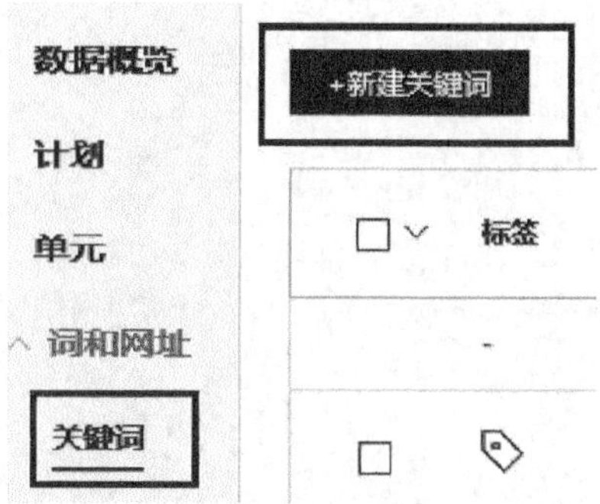

图 2－24　“新建关键词”按钮

③填写关键词。点击关键词管理页面中的“添加关键词”按钮，进入关键词规划师页面，在这里可以根据流量设置关键词，也可以根据搜索添加关键词。在搜索框中输入关键词，点击“搜索”按钮，正下方会出现该关键词的相应数据，包括推荐理由、推荐出价、整体周均搜索量、竞争激烈程度，如图 2－25 所示。

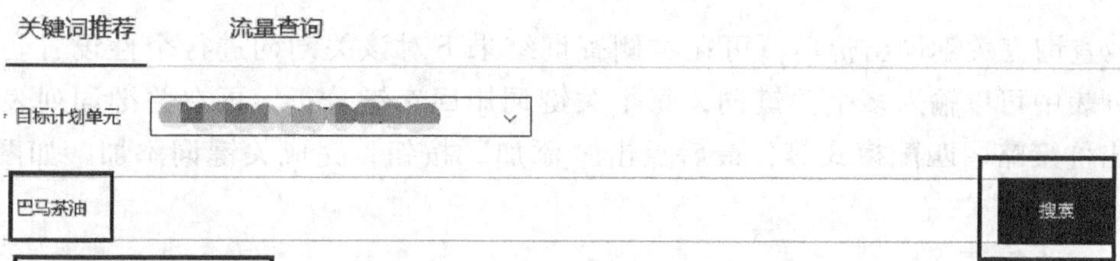

关键词	推荐理由	推荐出价	整体周均搜索量（次）			竞争激烈程度
			整体	移动	计算机	
巴马茶油		0.61	<5	<5	<5	13
茶油	移动黑马,周…	1.28	5285	4298	980	10
茶油市场		1.22	7	<5	<5	20
茶油报告		0.9	<5	<5	<5	10
茶油茶油		0.92	<5	<5	<5	7
台湾茶油		1.29	<5	<5	<5	7
茶油礼盒		1.94	<5	<5	<5	13
茶油作用	夜间好词	4.74	91	84	<5	6
茶油多少		1.32	7	7	<5	25

图 2－25　添加关键词页面

在右侧输入关键词，点击回车键，关键词右侧出价位置会出现系统的推荐价，如图 2－26 所示。

图 2－26　关键词出价

④查询完关键词出价后，可在右侧查询结果下对该关键词进行个性设置。在关键词列表中可以输入多个关键词，每个关键词用回车键分行，再在关键词列表下方设置出价策略、匹配模式等，最后点击“添加”按钮，完成关键词添加，如图 2－27 所示。

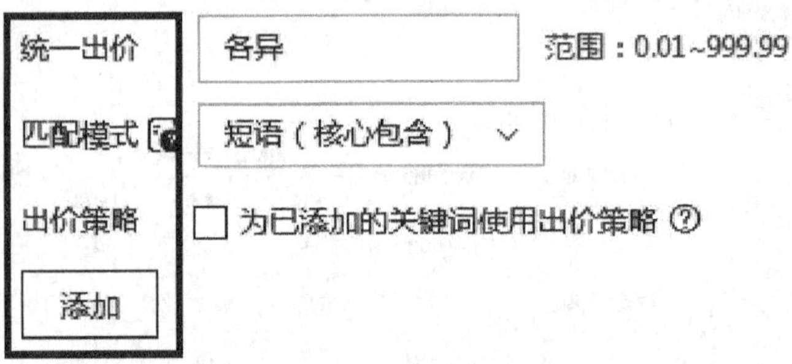

图 2－27　“添加”按钮

步骤 5：修改关键词出价。

关键词经过 2～3 天的测试后，可能需要对该关键词的出价进行调整。比如，企业原定的计划是让关键词出现在搜索引擎首页的前三条，但 2～3 天测试结束后，该关键词仍排在首页的较后位置，这时，企业就需要调整该关键词的出价，以提升其排名。修改关键词出价，需要经过以下步骤。

①进入百度营销后台关键词设置页面，找到所设置的关键词，点击出价前面的修改标志，如图 2－28 所示。

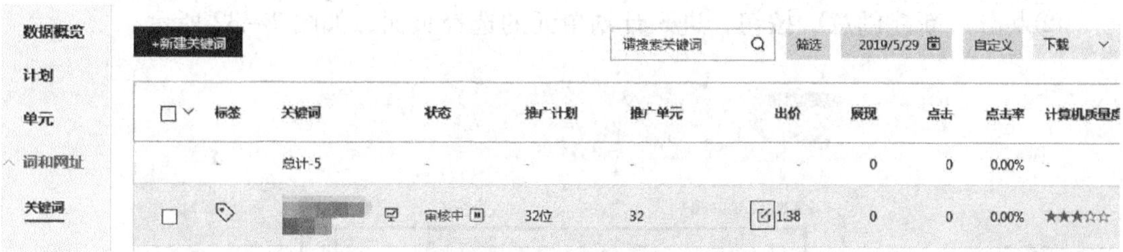

图 2－28　修改关键词出价

②在跳出的关键词出价页面，输入新的出价即可，如图 2－29 所示。

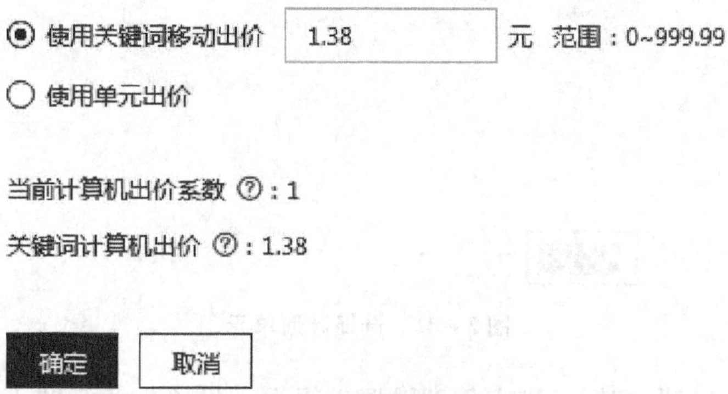

图 2－29　修改关键词出价

步骤 6：百度营销创意描述。在百度营销中，可以设置创意描述，创意描述和关键词一样，也是决定用户是否点击广告的主要因素之一。

百度营销中提供的创意类型有基础创意和高级创意两种，基础创意包括创意标题、创意图片、创意描述；高级创意包括首页创意、图片类创意、子链类创意、文本类创意、列表类创意、视频类创意等，如图 2－30 所示。

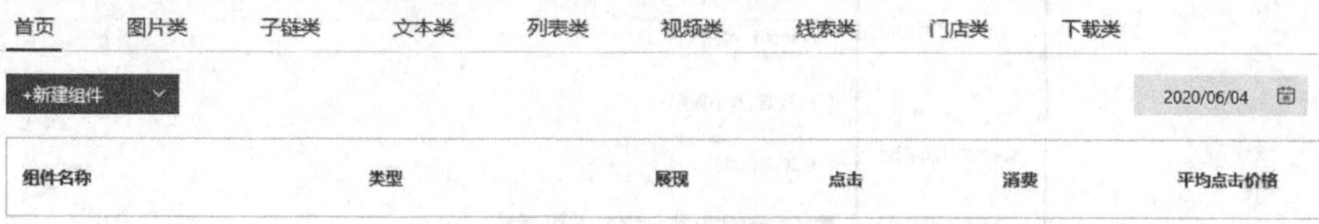

图 2－30　百度高级创意

①以设置基础创意为例。进入百度营销后台，选择导航栏“创意”中的“基础创意”按钮，进入创意设置页面，如图 2－31 所示。

图 2－31　创意设置

②点击“新建创意”按钮，进入计划单元的选择页面，如图 2－32 所示。

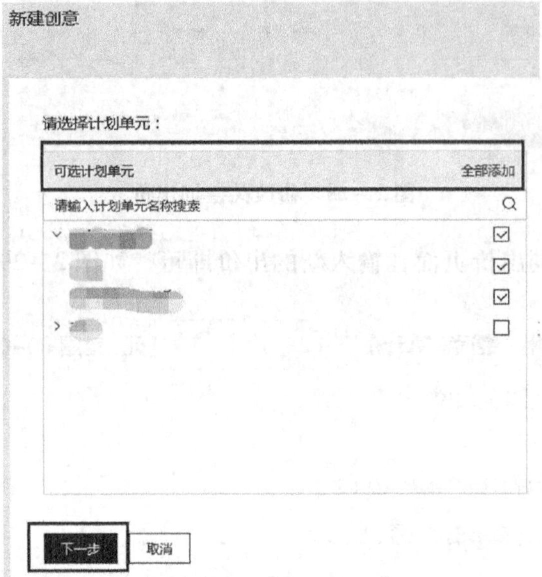

图 2－32　选择计划单元

③点击“下一步”按钮，进入创意设置编辑框，设置创意标题、创意描述、访问网址、图片，点击“确定”按钮，完成创意设置，如图 2－33 所示。

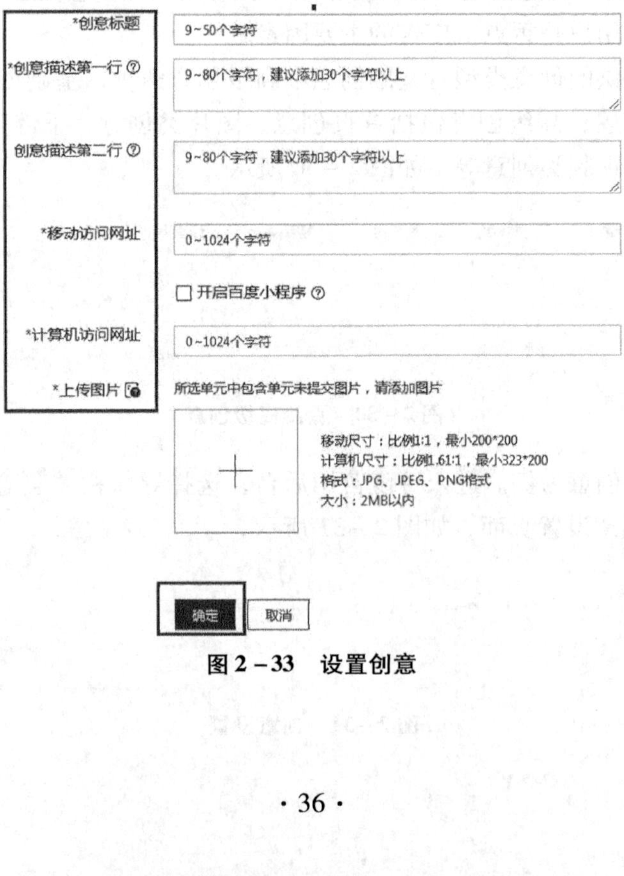

图 2－33　设置创意

步骤7：更改推广状态。经过以上6个步骤的操作，搜索引擎营销实施便完成了。如果想要暂停正在推广的计划，可以在百度营销中按照以下步骤进行操作。

进入推广计划或者推广单元，光标定位到状态栏，点击“暂停”按钮即可将状态更改为暂停推广，如图2－34所示。

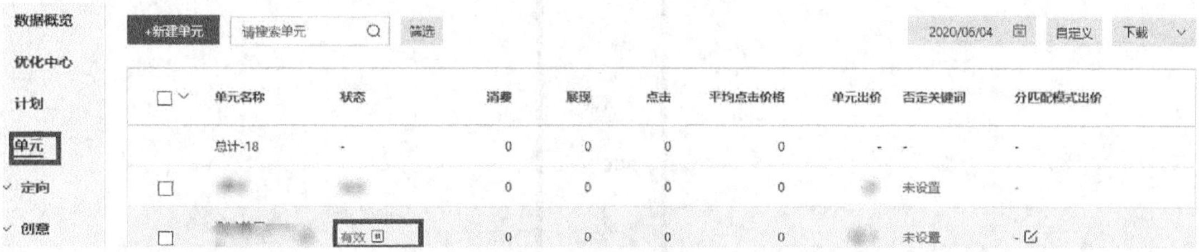

图2－34　更改推广状态

（3）使用百度营销进行SEM效果监控与分析。除了搜索引擎营销功能外，百度营销还具有进行SEM效果监控与分析的功能，以下为具体操作方法。

数据监控具体操作步骤如下所示。

步骤1：推广总数据监控。在百度营销后台首页，可以监控推广总数据，包括总消费数据、总点击数据和总展现数据，如图2－35所示。

图2－35　推广总数据

步骤2：全景数据监控。登录百度营销账号，进入后台首页，选择推广总数据后面的“数据中心”按钮，进入账户概况页面，可以监控全景数据，包括消费、展现与点击的相关数据，如图2－36所示。

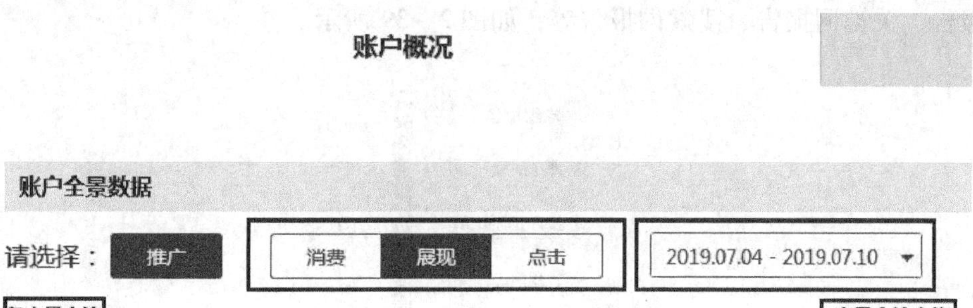

图2－36　百度账户全景数据

步骤3：分类数据监控。点击首页搜索推广后的“进入”按钮，进入分类数据页面。在该页面，可以监控计划、单元、人群、创意等的相应数据（点击对应标签即可查看相应数据），如图2－37所示。

图 2－37　分类数据栏目

分析报告获取的具体操作步骤如下所示。

步骤 1：进入搜索推广中心，点击顶部导航中的“数据报告”按钮，如图 2－38 所示，进入数据报告中心。

图 2－38　“数据报告”按钮

步骤 2：在报告页面的左侧导航栏中，百度营销提供了各种报告供企业选择。根据监控分析需要，选择对应的报告进行数据查询就能获取相应的报告，包括计划报告、单元报告、关键词报告、搜索词报告等，如图 2－39 所示。

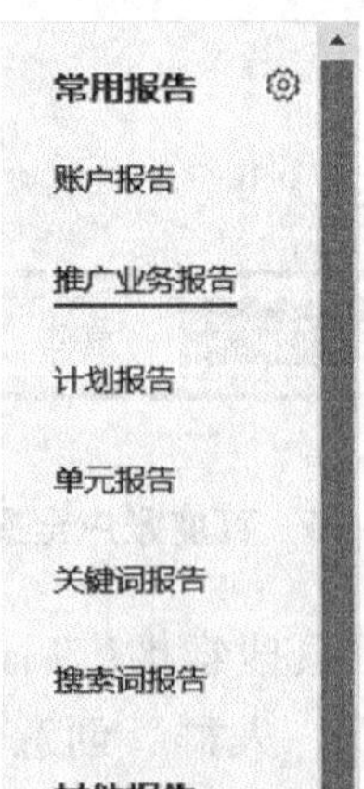

图 2－39　常用报告类型

比如，选择关键词报告，可以查询到最大增幅 TOP50、最大降幅 TOP50 的关键词，还可以查询到每个关键词的展现量、点击量、消费金额、点击率、平均点击价格等，如图 2－40、图 2－41 所示。

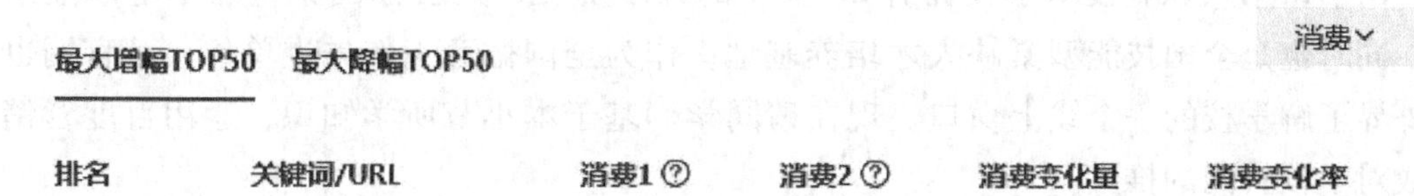

图 2－40　关键词增幅、降幅统计

图 2－41　关键词详细数据统计

任务总结

本任务着重介绍了搜索引擎营销的相关知识及搜索引擎营销工具（百度营销）的使用方法。在进行这部分内容的学习时，学生需要重点掌握百度营销的使用方法。

任务评价

<table>
<tr><td colspan="6">任务评价表</td></tr>
<tr><td colspan="2">任务完成方式</td><td colspan="4">□小组协作完成
□个人独立完成</td></tr>
<tr><td colspan="5">评价点</td><td>分值</td></tr>
<tr><td colspan="5">是否能够总结搜索引擎营销的定义和特点</td><td>10</td></tr>
<tr><td colspan="5">是否能够阐述搜索引擎营销的意义</td><td>10</td></tr>
<tr><td colspan="5">是否能够区分搜索引擎营销的模式</td><td>10</td></tr>
<tr><td colspan="5">是否能够熟练使用百度营销进行推广操作</td><td>50</td></tr>
<tr><td colspan="5">是否能够熟练使用百度营销进行搜索引擎营销监控</td><td>20</td></tr>
<tr><td colspan="6">任务总成绩：</td></tr>
<tr><td>自我
评价</td><td>（20%）</td><td>小组
评价</td><td>（20%）</td><td>教师
评价</td><td>（60%）</td></tr>
<tr><td colspan="6">存在的主要问题</td></tr>
<tr><td colspan="6"></td></tr>
</table>

延伸练习

背景：

南宁市第六职业技术学校拥有60多年的办学历史，是公办国家重点中等职业学校，同时也是全国技能型紧缺人才培养基地，作为全国德育工作先进单位，其官网也是外界了解学校的一个线上窗口。现在请同学们基于本小节所学知识，运用百度营销完成对学校官网的推广。

步骤：

①学生以学校名义，注册百度营销账号。

②学生新建推广计划。

③学生新建推广单元。

④学生围绕官网筛选关键词、添加关键词，并对每一个关键词设置推广出价。

⑤学生对每一个推广的关键词，以单元为主设置推广创意，包括创意标题、创意描述、创意图片等。

⑥学生根据推广效果，调整关键词出价，设置推广状态。

⑦学生针对推广结果进行监控。

任务三　搜索引擎优化工具

任务前导

进行搜索引擎营销时，对于当前不理想的数据该如何优化？如何提升网站在搜索引擎中的排名？下面我们将以广西巴马印象生活体验产业有限公司在百度上的SEO优化为例，展开搜索引擎优化的实施工作。

任务实施

对广西巴马印象生活体验产业有限公司（以下简称巴马公司）官网优化主要从站内和站外两方面开展，站内优化工作主要包括标题优化、关键词优化、描述优化，站外优化工作主要包括友情链接优化、网站抓取优化。

一、搜索引擎优化工具与使用

1. ChinaZ 工具简介

ChinaZ 是站长之家的简称，是我国站长类网站工具，是一家专门针对中文站点提供资讯、技术、资源、服务的网站工具。其创建于2002年3月，至今仍被广泛使用。

ChinaZ 用户超百万，是站长们公认实用的站长工具，该工具主要提供六个模块的服务，包括站长工具、站长素材、行业资讯、站长传媒、源码下载、网站排行榜。

搜索引擎优化要使用到的是 ChinaZ 站长工具服务中的 SEO 查询模块，该模块囊括 SEO 综合查询、关键词挖掘等多个查询入口，如图 2－42 所示，能够满足大部分 SEO 优化的需求。

图 2－42　站长工具服务中的 SEO 查询模块

2. ChinaZ 工具使用

以下，我们从五个方面分别讲解如何使用 ChinaZ 进行搜索引擎优化。

(1) 使用 ChinaZ 指导关键词优化。

步骤 1：输入 ChinaZ 网址（www. chinaz. com），进入首页，如图 2－43 所示。

图 2－43　ChinaZ 首页

步骤 2：点击首页导航栏“站长工具”按钮，如图 2－44 所示。

图 2－44　“站长工具”按钮

步骤 3：进入站长工具服务页面，在输入框输入巴马公司网址后，点击回车键可以进行查询 ，如图 2－45 所示。

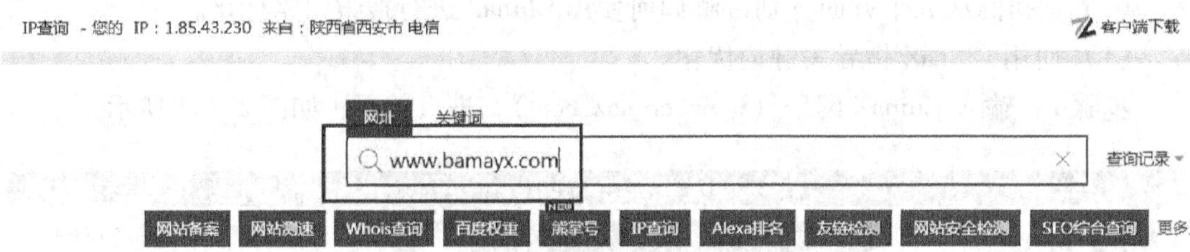

图 2－45　输入框输入公司网址

步骤 4：下拉页面，ChinaZ 会提供关键词内容长度、内容及优化建议，企业可以根据这些数据进行关键词优化。

如图 2－46 所示，ChinaZ 工具显示巴马公司关键词长度为 75 个字符，并提供了优化建议，建议其关键词限制在 100 个字符以内，这意味着巴马公司关键词可以进行小幅度增加，增加范围需控制在 25 个字符以内。

标签	内容长度	内容	优化建议
标题（Title）	60 个字符	广西山茶油丨有机野茶油 丨 巴马山茶油丨巴马火麻茶丨巴马火麻油丨巴马养生五谷丨巴马特产-广西巴马印象生活体验产业有限公司	一般不超过80个字符
关键词（KeyWords）	75 个字符	有机野茶油,山茶油批发,广西茶油,巴马山茶油,巴马火麻茶,广西山茶油,巴马火麻油,巴马养生五谷,巴马特产,广西茶油厂,广西巴马印象生活体验产业有限公司	一般不超过100个字符
描述（Description）	79 个字符	广西巴马印象生活体验产业有限公司主要生产有“遁心园”牌 野茶油、山茶油、火麻油、火麻茶籽调和油、养生五谷杂粮、火麻茶以及化妆品7个系列120多个品种的产品。	一般不超过200个字符

图 2－46　站长工具查询关键词内容及优化建议

步骤 5：继续下拉页面，ChinaZ 会提供当前关键词的展现情况（关键词排名），企业可以据此判断哪些关键词可以被替换，哪些关键词需要保留。

如图 2－47 所示，从 ChinaZ 提供的数据来看，巴马公司的关键词展现情况并不理想，这意味着巴马公司需要替换一些核心关键词，尤其是全网指数和长尾词数都是 0 且出现频率很少的关键词。

关键词排名　长尾词推荐

关键词	全网指数	长尾词数	出现频率
有机野茶油	0	0	4
山茶油批发	0	0	1
广西茶油	0	0	4
巴马山茶油	0	0	2
巴马火麻茶	51	2	2
广西山茶油	0	0	2
巴马火麻油	83	42	2
巴马养生五谷	0	0	2
巴马特产	0	0	2
广西茶油厂	0	0	3
广西巴马印象生活体验产业	0	0	10

图 2－47　关键词展现情况

步骤 6：点击“长尾词推荐”按钮，ChinaZ 会推荐关键词，企业可以直接拿来使用，以此优化原有关键词。

如图 2－48 所示，巴马公司可以使用 ChinaZ 推荐的“巴马火麻油”和“广西巴马火麻油”作为优化后的关键词使用。

关键词排名　长尾词推荐

关键词	出现频率	2%≤密度≤8%	长尾相关	推荐关键词
有机野茶油	4	0.7%	0	-
山茶油批发	1	0.2%	0	-
广西茶油	4	0.5%	0	-
巴马山茶油	2	0.3%	0	-
巴马火麻茶	2	0.3%	0	-
广西山茶油	2	0.3%	0	-
巴马火麻油	2	0.3%	2	巴马火麻油 广西巴马火麻油
巴马养生五谷	2	0.4%	0	-
巴马特产	2	0.3%	0	-
广西茶油厂	3	0.5%	0	-
广西巴马印象生活体验产业	10	5.4%	0	-

图 2－48　关键词推荐

（2）使用 ChinaZ 指导描述优化。

衔接（1）中步骤 3 的操作，下拉页面，ChinaZ 会提供当前网站描述的内容长度、内容及优化建议，企业可以依据这些数据优化描述。

如图 2 – 49 所示，ChinaZ 显示巴马公司描述长度为 79 字符，建议其描述长度在 200 个字符以内，因此，巴马公司可以检查其描述并延长其描述。

标签	内容长度	内容	优化建议
标题（Title）	60 个字符	广西山茶油丨有机野茶油 丨 巴马山茶油丨巴马火麻茶丨巴马火麻油丨巴马养生五谷丨巴马特产-广西巴马印象生活体验产业有限公司	一般不超过80个字符
关键词（KeyWords）	75 个字符	有机野茶油,山茶油批发,广西茶油,巴马山茶油,巴马火麻茶,广西山茶油,巴马火麻油,巴马养生五谷,巴马特产,广西茶油厂,广西巴马印象生活体验产业有限公司	一般不超过100个字符
描述（Description）	79 个字符	广西巴马印象生活体验产业有限公司主要生产有“道心园”牌 野茶油、山茶油、火麻油、火麻茶籽调和油、养生五谷杂粮、火麻茶以及化妆品7个系列120多个品种的产品。	一般不超过200个字符

图 2 – 49　巴马印象官网描述查询结果

需要注意的是，在进行描述优化时，尽量把运用 ChinaZ 优化过的关键词融入进去。

（3）使用 ChinaZ 指导标题优化。

衔接（2）中的操作，可以看到 ChinaZ 提供了标题内容长度、内容及优化建议，企业优化标题时，可以参考这些数据。

如图 2 – 50 所示，ChinaZ 显示巴马公司的标题为“广西山茶油丨有机野茶油丨巴马山茶油丨巴马火麻茶丨巴马火麻油丨巴马养生五谷丨巴马特产—广西巴马印象生活体验产业有限公司”，该标题明显堆砌了太多关键词，分散了权重，企业需要重新筛选 3 ~ 5 个核心关键词，将其重新排序，形成新的标题。

标签	内容长度	内容	优化建议
标题（Title）	60 个字符	广西山茶油丨有机野茶油 丨 巴马山茶油丨巴马火麻茶丨巴马火麻油丨巴马养生五谷丨巴马特产-广西巴马印象生活体验产业有限公司	一般不超过80个字符
关键词（KeyWords）	75 个字符	有机野茶油,山茶油批发,广西茶油,巴马山茶油,巴马火麻茶,广西山茶油,巴马火麻油,巴马养生五谷,巴马特产,广西茶油厂,广西巴马印象生活体验产业有限公司	一般不超过100个字符
描述（Description）	79 个字符	广西巴马印象生活体验产业有限公司主要生产有“道心园”牌 野茶油、山茶油、火麻油、火麻茶籽调和油、养生五谷杂粮、火麻茶以及化妆品7个系列120多个品种的产品。	一般不超过200个字符

图 2 – 50　巴马印象官网标题查询结果

（4）使用 ChinaZ 指导外链优化。

外链优化，是通过给网站链接更多的外部链接，从而实现网站引流、关键排名提升的目的。ChinaZ 可以帮助企业实现外链优化的操作。

步骤 1：进入 ChinaZ 首页，选择“SEO 查询”按钮下的“友情链接检测”按钮，如图 2 – 51 所示。

步骤 2：ChinaZ 会跳转至友情链接检测页面，该页面可以查看到指定网站的友情链接在百度的收录、百度快照、PR（网页级别）以及对方是否链接本站。

如图 2 – 52 所示，ChinaZ 提供的数据显示，巴马公司外链数较少，分别为 9、28、1，无反链数，说明其需要通过优化外链，增加外链数量，提升网站访问量。

图 2－51　“友情链接检测”按钮

图 2－52　友情链接检测页面截图

（5）使用 ChinaZ 指导网站抓取优化。

网站抓取优化，主要是优化网站结构，让其更易于被“蜘蛛”抓取。网站结构往往是在建站时便已经布局好，后期优化时难以改变，因此需要通过对网站被抓取的页面进行分析，找到死链接网页，进行人工提交，ChinaZ 工具正好可以帮助检测死链接，指导企业网站抓取优化。

步骤 1：进入 ChinaZ 首页，选择“网站信息查询”按钮下的“网页检测”按钮，如图 2－53 所示。

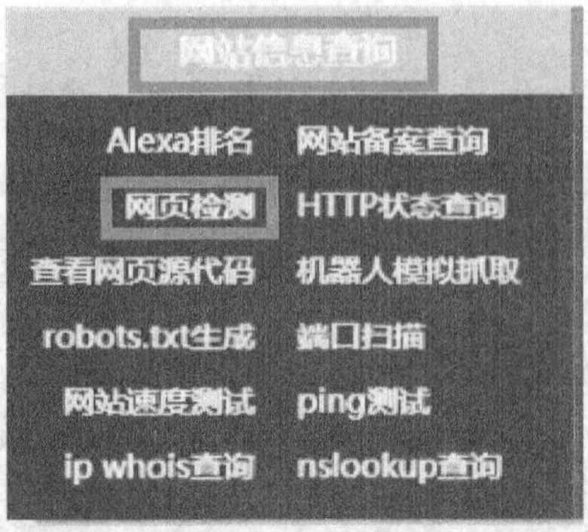

图 2－53　ChinaZ 首页选项

步骤 2：在“死链接检测”下输入需要检测的网站网址，点击“查询”按钮，如图 2－54 所示。

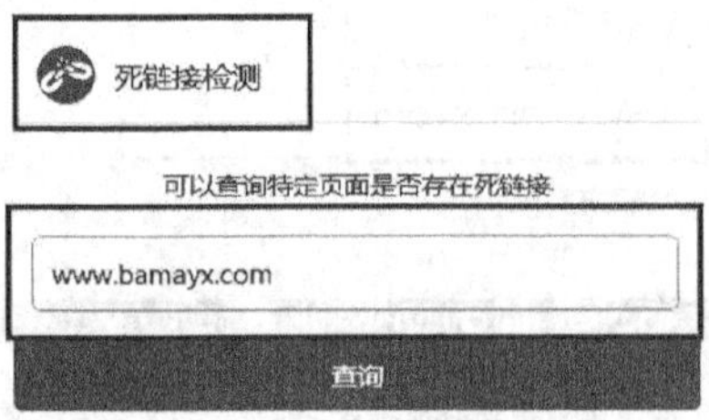

图 2－54　死链接检测

步骤 3：在网站链接查询页面，ChinaZ 会显示企业的搜索链接，点击链接上方的“开始执行”按钮，就可以对网站死链接进行排查。

如图 2－55 所示，为输入巴马公司网址进行死链接查询得到测试结果。企业找到网站目前的死链接后，对其进行优化即可。

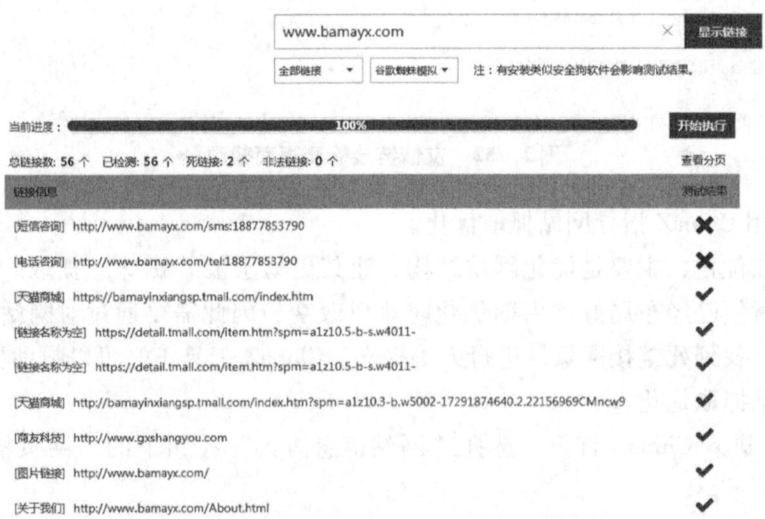

图 2－55　巴马公司官网链接检测结果页面截图

二、SEO 效果监控与评估工具

1. 爱站网工具简介

爱站网是一家专门针对中文站点，主要提供站长工具查询服务的工具，成立于2009 年，目前访问量已超过百万，注册会员近 100 万人次，图 2 –56 为爱站网 Logo。

aizhan.com 爱站网

图 2 –56 爱站网 Logo

爱站网包括三大模块的功能：SEO 查询、域名/IP 查询、其他工具，这三大功能能够帮助广告主进行 SEO 效果监控与评估。

同时，从图 2 –57 中不难看出，爱站网除了为广告主提供 IP 反查域名、Whois 查询、PING 检测、网站反链、友链检测等站长常用工具之外，还拥有独具特色的百度权重查询功能为站长提供百度网站的权重值查询。

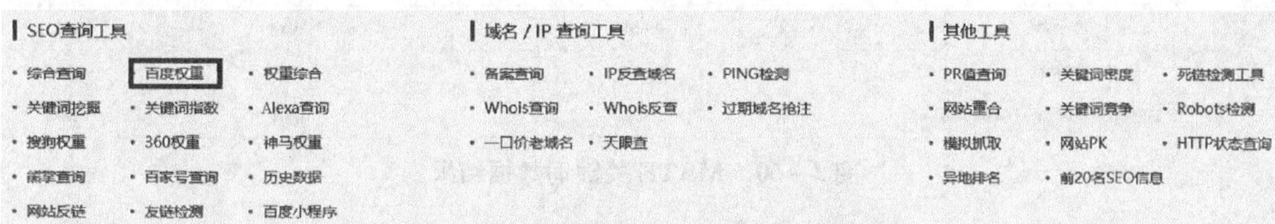

图 2 –57 爱站网三大模块详细功能

2. 爱站网工具使用

以下，我们分三个模块讲解如何使用爱站网进行 SEO 效果监控。

(1) 关键词监控。

步骤 1：输入爱站网网址（https：//www. aizhan. com），进入爱站网官网，如图2 –58所示。

图 2 –58 爱站网首页

步骤2：在爱站网SEO综合查询中，输入企业官网，点击查询，能够获取MATE关键词和来路关键词的数据，如图2－59所示。

图2－59　综合查询输入框

如图2－60、图2－61所示，为输入巴马公司官网网址获取到的MATE关键词和来路关键词数据结果。

MATE关键词　来路关键词　　SEO优化上首页扣费　一键更新

关键词	出现频率	2%≤密度≤8%	百度指数	360指数	百度排名	排名变化	预计流量
巴马火麻油	2	0.53%	131	0	查询	-	未知
巴马火麻茶	2	0.53%	26	0	查询	-	未知
广西茶油	2	0.42%	-	-	查询	-	未知
巴马山茶油	2	0.53%	-	-	查询	-	未知
有机野茶油	6	1.58%	-	-	查询	-	未知
广西山茶油	2	0.53%	-	-	查询	-	未知
山茶油批发	1	0.26%	-	-	查询	-	未知
巴马养生五谷	2	0.63%	-	-	查询	-	未知
巴马特产	2	0.42%	-	-	查询	-	未知
广西茶油厂	1	0.26%	-	-	查询	-	未知
广西巴马印象生活体验产业有限公司	7	5.90%	-	-	查询	-	未知

图2－60　MATE关键词数据结果

MATE关键词　来路关键词　　SEO优化上首页扣费

关键词	百度排名	百度指数	PC指数	移动指数	收录量
广西巴马火麻茶	第1页 第3位	0	0	0	1,800
广西巴马火麻油	第1页 第9位	2	2	0	3,360
广西火麻油	第1页 第9位	1	1	0	4,870
巴马火麻茶	第2页 第3位	29	4	25	168,000
巴马山茶油网	第2页 第3位	0	-1	-1	404,000
土茶油	第2页 第5位	4	2	2	48,300
火麻油	第3页 第1位	784	121	663	2,920,000
巴马火麻	第3页 第4位	81	31	50	10,800
广西巴马	第4页 第5位	387	94	293	141,000
巴马火麻油	第4页 第6位	96	24	72	294,000

图2－61　来路关键词数据结果

步骤3：同一页面，爱站网还提供了针对百度网站的关键词数据，站长可以在这里监控和获取投放在百度中关键词的数据情况，如图2－62所示。

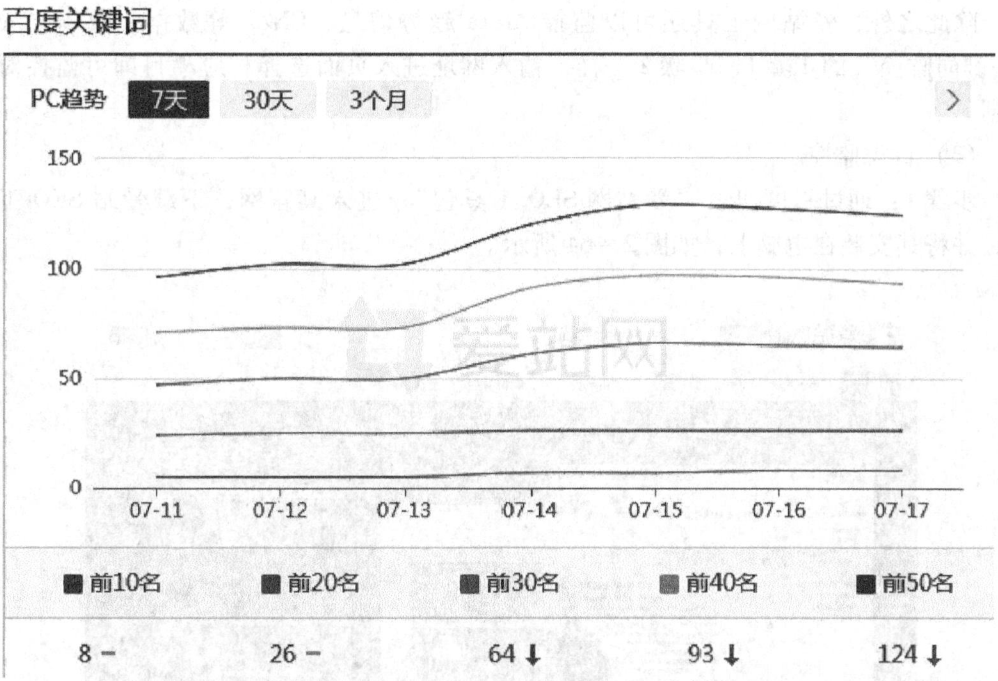

图 2－62　百度关键词数据

（2）网站流量监控。

在爱站网中输入网站地址，能够获取各大搜索引擎中的流量情况，包括收录、索引和反链的具体数据，如图 2－63 所示。

百度收录	百度索引	百度反链	搜狗收录	360收录
165,000	171,836	24	397,993	19,000
165,000	171,836	24	397,993	19,000
165,000	171,836	24	397,993	19,000
165,000	171,836	24	397,993	19,000
165,000	171,836	24	397,993	19,000
165,000	171,836	24	397,993	19,000
145,000	171,836	24	397,993	19,000
145,000	171,836	23	397,993	19,000
145,000	171,836	23	397,993	19,000
145,000	171,836	23	397,993	19,000

图 2－63　网站流量数据

除此之外，爱站网工具还可以监控 Alexa 趋势信息、CNZZ 等数据，操作方法与“关键词监控”的步骤 1、步骤 2 一样，输入网址进入页面选择相应栏目即可监控对应数据。

(3) 日志监控。

步骤 1：通过百度搜索“爱站网 SEO 工具包”，进入其官网，下载爱站 SEO 工具包，并将其安装在电脑上，如图 2－64 所示。

图 2－64　爱站网工具包下载

步骤 2：打开已经安装好的爱站 SEO 工具包，选择“日志分析”工具，登录进入日志分析页面，如图 2－65 所示。

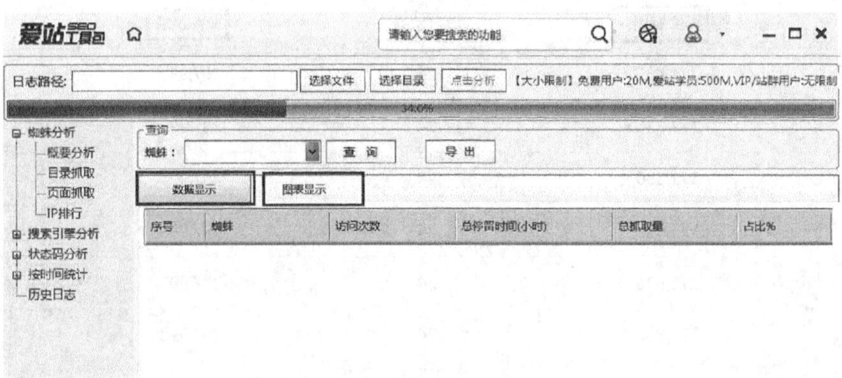

图 2－65　日志分析工具首页

步骤 3：进入日志分析页面后，可以将网站的日志文件导入日志工具中，然后点击“分析”按钮，得到分析结果，如图 2－66 所示。

步骤 4：获取分析数据，包括概要分析、目录抓取、页面抓取、IP 排行四个方面的数据，点击对应按钮即可获取。并且，每一种类型的数据都拥有数据和图表两种展现形式，如图 2－67 所示，即为图表展现形式。

序号	蜘蛛	访问次数	总停留时间(小时)	总抓取量	占比%
1	百度	295	1214.924	21275	35.187
2	微软bing	10	45.554	12800	21.17
3	360蜘蛛	2492	520.761	7824	12.94
4	搜狗蜘蛛	208	325.402	5612	9.282
5	一搜蜘蛛	22	41.715	5272	8.719
6	谷歌	1033	331.011	5219	8.632
7	雅虎蜘蛛	524	51.234	2320	3.837
8	Ahrefs蜘蛛	100	3.446	114	0.189
9	俄罗斯蜘蛛	12	1.489	25	0.041
10	Alexa蜘蛛	1	0.001	2	0.003
11	总计	4697	2535.537	60463	100

图 2－66　网站日志文件导入及分析

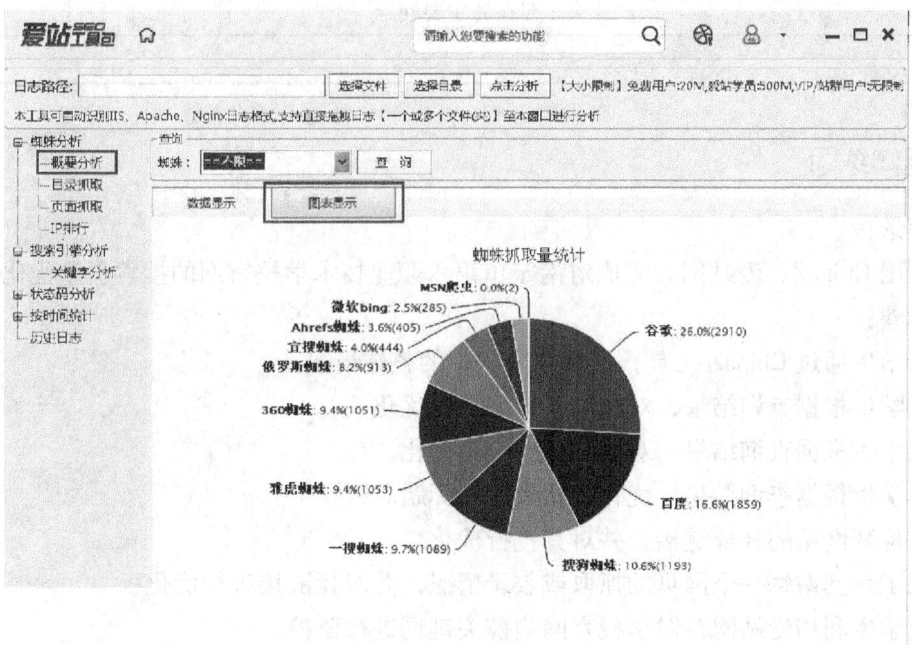

图 2－67　概要分析图表展示

任务总结

本任务分别介绍了两种搜索引擎优化工具，ChinaZ 和爱站网，并详细讲解了这两种工具的使用方法。学生在学习时，需要以实践操作为主，掌握搜索引擎优化工具的使用方法。

任务评价

<table>
<tr><td colspan="6">任务评价表</td></tr>
<tr><td colspan="2">任务完成方式</td><td colspan="4">□小组协作完成
□个人独立完成</td></tr>
<tr><td colspan="5">评价点</td><td>分值</td></tr>
<tr><td colspan="5">是否能够阐述 ChinaZ 的相关情况</td><td>10</td></tr>
<tr><td colspan="5">是否能够使用 ChinaZ 进行搜索引擎效果优化</td><td>50</td></tr>
<tr><td colspan="5">是否能够阐述爱站网的相关情况</td><td>10</td></tr>
<tr><td colspan="5">是否能够使用爱站网进行搜索引擎优化效果的监控</td><td>30</td></tr>
<tr><td colspan="6">任务总成绩：</td></tr>
<tr><td>自我
评价</td><td>（20%）</td><td>小组
评价</td><td>（20%）</td><td>教师
评价</td><td>（60%）</td></tr>
<tr><td colspan="6">存在的主要问题</td></tr>
<tr><td colspan="6"></td></tr>
</table>

延伸练习

背景：

利用 ChinaZ、爱站网，完成对南宁市第六职业技术学校官网的搜索引擎优化操作。

步骤：

①学生通过 ChinaZ 工具，了解当前网站的整体情况。

②学生根据查询结果，对网站关键词进行优化。

③学生根据查询结果，对网站描述进行优化。

④学生根据查询结果，优化网站及网页标题。

⑤检测网站的外部链接，并对其进行优化。

⑥了解网站每一个网页的抓取或收录情况，并对死链接进行优化。

⑦学生利用爱站网，对学校官网当前关键词进行监控。

⑧学生利用爱站网，对学校网站流量进行监控。

⑨学生通过爱站 SEO 工具包，对学校网站进行日志分析。

项目三　EDM

任务一　EDM 概述

任务前导

EDM 作为网络营销的一种常用方式，在企业的营销活动中发挥着重要的作用。那么，什么是 EDM？如何进行 EDM？本项目我们以相关的企业网络营销案例为基准，详细讲解 EDM 基础知识，使学生系统掌握 EDM 的基本理论、EDM 工具的使用以及 EDM 效果监控等。

任务实施

一、EDM 的概念、特点及分类

本部分共包括三块内容，即 EDM 的概念、EDM 的特点和 EDM 的分类。

（一）EDM 的概念

EDM，即 Email Direct Marketing 的缩写，EDM 通常也被称为邮件列表营销和 Email 营销，它是较为古老的网络营销方法之一，也是较为成熟的营销方法之一。

EDM 是在用户事先许可的前提下，通过电子邮件的方式向目标用户传递价值信息的一种网络营销手段。企业可以通过 EDM 建立同目标顾客的沟通渠道，向其直接传达相关信息，用来促进销售。EDM 有三个基本因素：用户许可、电子邮件传递信息、信息对用户有价值，三者缺一不可。EDM 有多种用途，可发送电子广告、产品信息、销售信息、市场调查、市场推广活动信息等。

（二）EDM 的特点

EDM 的特点主要体现在以下四个方面。

1. 覆盖范围广

随着国际互联网的迅猛发展，截至2019年6月，我国网民已超过8亿，面对如此巨大的用户群，作为现代广告宣传手段的EDM正日益受到人们的重视。只要企业拥有足够多的Email地址，便可以在很短的时间内向数千万目标用户发布广告信息，营销范围可以是中国全境乃至全球。

2. 操作简单，效率高

下载一个免费的邮件群发工具，就可以马上进行EDM，无须掌握复杂的技术或经过烦琐的流程。在群发过程中，也无须人工干预，完全可以自动化，而且其效率非常高，一天可以发送成百上千万份的邮件。

3. 应用范围广，反馈率高

广告的内容不受限制，适合各行各业。由于广告的载体就是电子邮件，因此具有信息量大、保存期长的特点，而且收藏和传阅非常简单、方便。

4. 精准度高

电子邮件是点对点的传播，可以实现高精准的传播，比如针对某一特点的人群发送特定邮件，也可以根据需要按行业、地域等进行分类，然后针对目标客户进行邮件群发，使宣传更到位。

（三）EDM的分类

按照不同的标准，可将EDM分为不同的类别。

1. 按照是否经过用户许可分类

可分为许可Email营销和未许可Email营销。

（1）许可Email营销。

许可Email营销（Permission Email Marketing，PEM），是正规的EDM，是在征得收件人许可的基础上开展的EDM。

（2）未许可Email营销。

未许可Email营销（Unsolicited Commercial Email，UCE），未许可邮件即通常所说的垃圾邮件，这类邮件不但会给正常的邮件处理带来麻烦，而且有可能导致邮箱和服务器瘫痪。目前，所有电子邮箱的提供商都非常重视完善垃圾邮件的分拣和拦截功能。

2. 按照Email营销地址资源的所有权分类

潜在用户的Email地址是企业重要的营销资源，按照对用户Email地址资源的所有形式，可将Email营销分为内部列表EDM和外部列表EDM，简称为内部列表和外部列表。

（1）内部列表EDM。

内部列表EDM是一个企业或网站利用通过一定方式获得用户自愿注册的资料来开展的EDM。

（2）外部列表 EDM。

外部列表 EDM 指利用专业服务商或者具有与专业服务商一样可以提供专业服务的机构提供的 EDM 服务，企业并不拥有用户 Email 地址资料，也无须管理并维护这些用户资料。

3. 按照营销计划分类

根据企业的营销计划，可分为临时性的 EDM 和长期的 EDM。

（1）临时性 EDM。

如不定期的产品促销、市场调查、节假日问候、新产品通知等。

（2）长期 EDM。

通常以企业内部注册会员资料为基础，主要表现为新闻邮件、电子杂志、顾客服务等各种样式的邮件列表，这种营销的作用要比临时性的 EDM 更持久，其作用更多地表现在顾客关系、顾客服务、企业品牌等方面。

4. 按照 EDM 的功能分类

按照 EDM 的功能，可分为顾客关系 EDM、顾客服务 EDM、在线调查 EDM、产品促销 EDM 等。

二、EDM 分析

EDM 分析的主要内容包括确定 EDM 目的，分析目标人群，策划营销内容。接下来，我们将以茂圣官方旗舰店为例，讲解 EDM 分析的具体操作步骤，如图 3－1 所示为茂圣官方旗舰店。

图 3－1　茂圣官方旗舰店

（一）确定营销目的

茂圣六堡茶是广西著名商标、广西名牌产品，产于广西梧州。为了让更多的人知道广西六堡茶的产品和品牌，茂圣官方旗舰店将本次 EDM 的目的确定为以下三点。

①宣传店铺产品以及品牌，让更多人了解广西六堡茶。

②在维系老客户的同时开发新客户，增加店铺流量。

③借助天猫平台粉丝狂欢月进行产品促销，增加销售额。

（二）分析目标人群

我们可以借助百度指数进行六堡茶目标人群的分析。在百度指数搜索框中输入关键词“六堡茶”，点击“开始搜索”，在跳转页面上方选择“人群画像”，即可看到六堡茶搜索指数的地域分布情况，主要分布在广西、广东、河北、北京、山东等地，而其他省份则搜索指数较低。

通过六堡茶搜索指数的年龄分布图可以看出，六堡茶的搜索人群主要集中在 30 ~ 39 岁、40 ~ 49 岁这两个年龄阶段，且男性占比略高于女性，如图 3 – 2、图 3 – 3 所示。

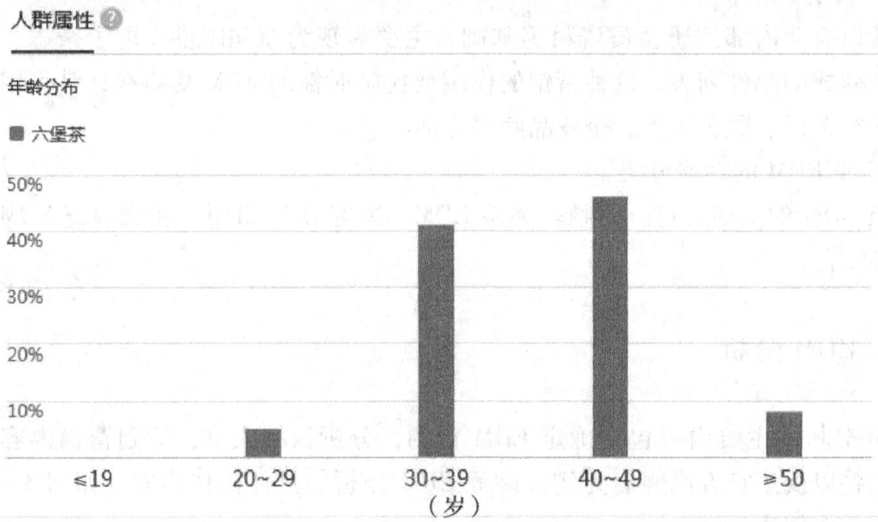

图 3 – 2　六堡茶搜索年龄分布

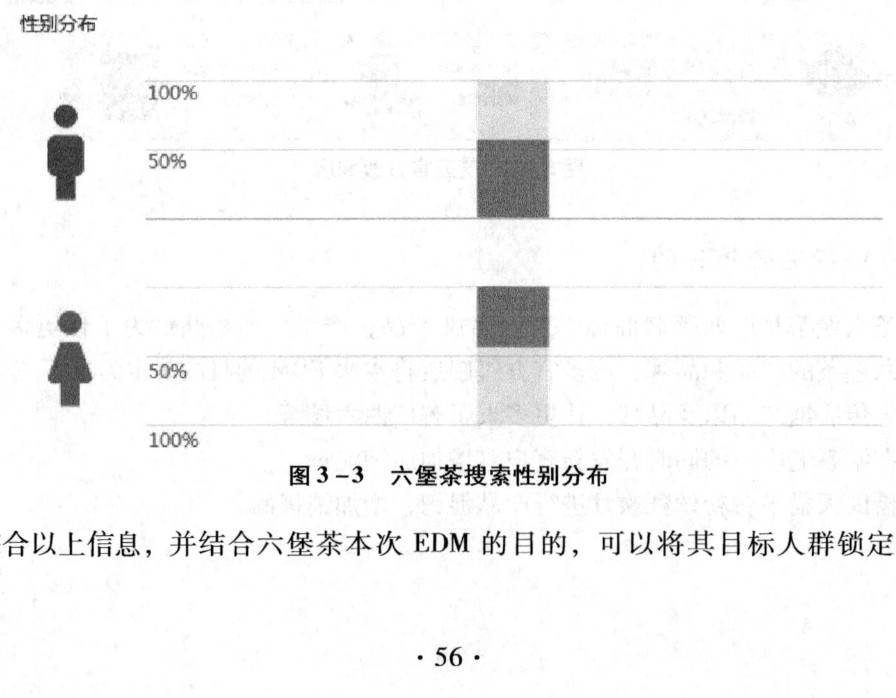

图 3 – 3　六堡茶搜索性别分布

综合以上信息，并结合六堡茶本次 EDM 的目的，可以将其目标人群锁定为以下两类。

①老顾客。购买过该品牌官方旗舰店的商品，年龄在 30 ~49 岁的消费者。

②新客户。对六堡茶感兴趣的 30 ~49 岁的群体，可通过天猫粉丝狂欢月挖掘这些人的需求。

（三）策划营销内容

目标群体确定后，接下来就要针对目标群体进行 EDM 内容的策划。邮件的内容需要能体现出茂圣官方旗舰店的特色，同时还要吸引用户的关注，具体操作步骤如下。

步骤 1：了解店铺产品类别。进行邮件内容策划时，首先需要确定营销的产品类别，茂圣官方旗舰店的产品分类标准主要为按价格、按年份、按分类等，其中按分类又可分为送礼、自饮、收藏三类，如图 3 -4 所示。

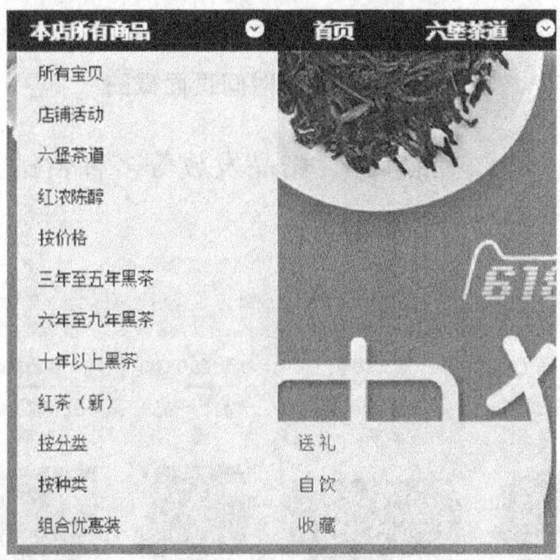

图 3 -4　六堡茶分类标准

步骤 2：分析和筛选促销产品。根据图 3 -4 可看出，六堡茶的产品类别非常丰富，在通过邮件向目标群体发送营销内容时，自然不能全部发送，就需要进行一定的分析和筛选。结合本次营销目的，茂圣官方旗舰店精选了以下四类产品作为促销对象，如图 3 -5 所示。

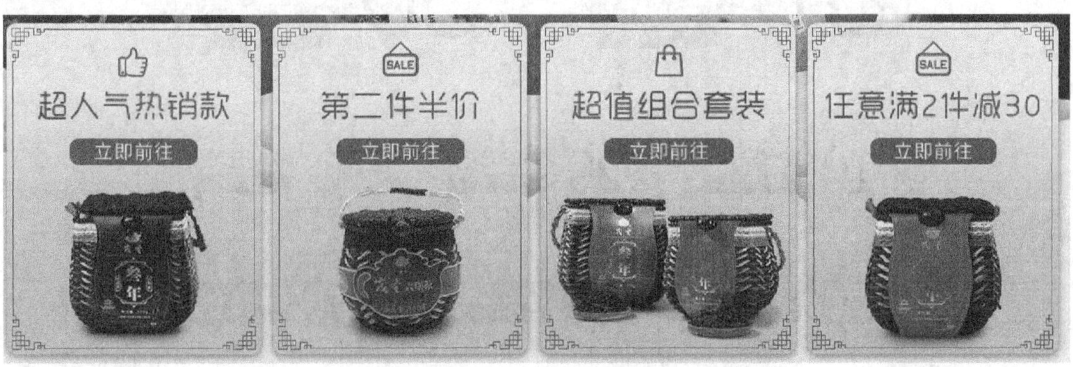

图 3 -5　活动产品截图

步骤3：确定活动时间和活动方式。根据天猫粉丝狂欢月的活动时间，将本次EDM活动时间确定为7月5—31日，如图3-6所示。

图3-6　活动时间页面截图

采取了第二件半价、满减、优惠券、赠品发放等多种营销方式，如图3-7、图3-8所示。

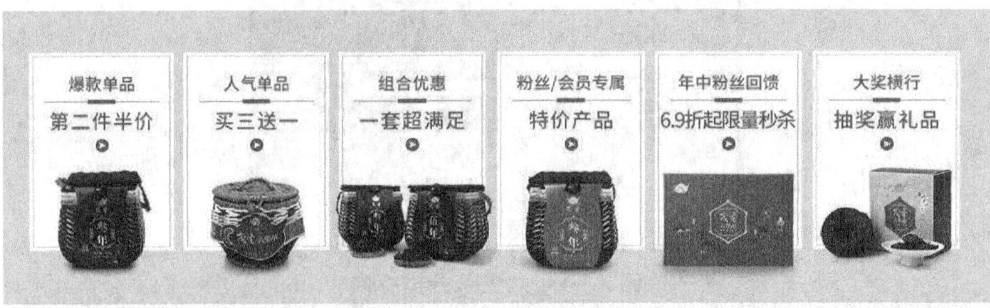

图3-7　活动方式截图（1）

图3-8　活动方式截图（2）

至此，茂圣官方旗舰店完成了 EDM 内容的策划。

任务总结

本任务主要讲解了 EDM 的基础知识，致力于培养学生对 EDM 分析方法和步骤的认知。在学习过程中，学生要在仔细阅读教材的基础上，完成实践操作。本任务操作内容较为简单，学生需要将难点放在 EDM 内容策划部分，通过所给案例掌握 EDM 分析的基本流程和步骤。

任务评价

<table>
<tr><td colspan="6">任务评价表</td></tr>
<tr><td colspan="2">任务完成方式</td><td colspan="4">□小组协作完成
□个人独立完成</td></tr>
<tr><td colspan="5">评价点</td><td>分值</td></tr>
<tr><td colspan="5">EDM 概念表述是否准确</td><td>10</td></tr>
<tr><td colspan="5">EDM 特点归纳是否恰当</td><td>20</td></tr>
<tr><td colspan="5">EDM 的分类是否准确</td><td>20</td></tr>
<tr><td colspan="5">EDM 目的、目标人群分析是否恰当</td><td>20</td></tr>
<tr><td colspan="5">是否能够完成 EDM 内容策划</td><td>30</td></tr>
<tr><td colspan="6">任务总成绩：</td></tr>
<tr><td>自我评价</td><td>（20%）</td><td>小组评价</td><td>（20%）</td><td>教师评价</td><td>（60%）</td></tr>
<tr><td colspan="6">存在的主要问题</td></tr>
<tr><td colspan="6"></td></tr>
</table>

延伸练习

背景：

沙田柚是广西容县一大特产，在端午节即将来临之际，网店准备借此机会实现品牌推广、促进产品销售，现决定通过 EDM 方式进行活动前期宣传。学生根据本任务所学知识，完成 EDM 分析。

步骤：

①学生根据所给背景，明确此次 EDM 活动的目的。

②学生借助百度指数，了解广西沙田柚的用户画像，并由此确定目标消费人群。

③学生自行完成 EDM 内容的策划。

任务二　EDM 工具使用

任务前导

为了能够更加全面、系统地理解 EDM 这一网络营销形式，我们除了需要进行 EDM 分析外，还要利用相关工具进行 EDM 实施。本任务我们将应用 EDM 工具来实现邮件列表的获取、邮件的设计、邮件内容的编写、邮件的发送等模块，帮助同学们掌握 EDM 工具在营销过程中的使用技巧。

任务实施

一、EDM 工具使用

近年来，帮助企业进行邮件营销的 EDM 平台逐渐兴起，它们通过提供功能完善的后台系统和业内资源，为企业提供专业化的邮件营销服务。这里将为大家介绍几种常见的 EDM 工具。

1. Webpower

Webpower（威勃庞尔）后台系统提供了非常全面的功能，针对不同的邮件营销需求，量身定制一对一的解决方案。从邮件标题、邮件主题到邮件内容，个性化定制的邮件设计基本满足客户的所有特殊需求，每一个步骤都精益求精，以求文字、图片、编码、链接符合邮件设计规范，并融入更多创意性元素，让邮件所要传达的信息更加清晰、准确，增强品牌效应，提升营销效果，如图 3－9 所示。

图 3－9　Webpower 界面

2. Focus Send

Focus Send 定位于在线营销的产品研究等领域，拥有强大的数据管理能力、友好的编辑界面、高效的准确投递、完善的报表分析功能，为企业开展 EDM 提供了高效、便捷的方法，如图 3－10 所示。

图 3－10　Focus Send 界面

3. 爱发信

爱发信为用户提供了免费服务，使得用户能够通过选择合适的邮件模板，轻松拖拽文件，即可快速完成邮件内容编辑，在邮件的简易编辑功能上超过市场平均水平，如图 3－11 所示。

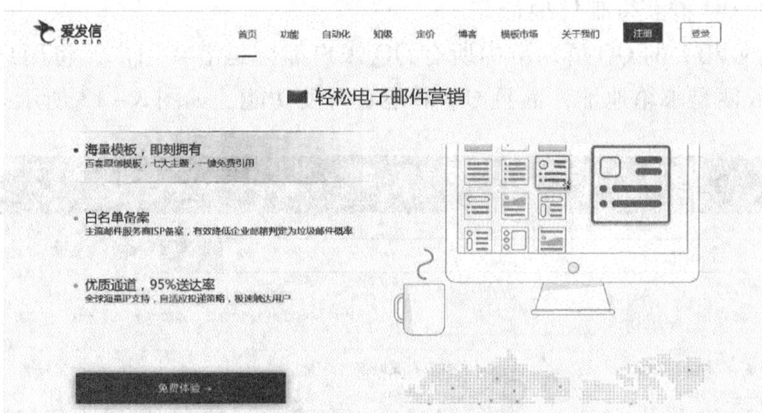

图 3－11　爱发信界面

4. MailPanda

MailPanda（秒达）是一款简易好用的邮件编辑工具，拥有操作便捷的邮件编辑器，提供了免费服务且不对服务或者功能单独收费，总体费用较低，如图 3－12 所示。

图 3－12　MailPanda 界面

二、EDM 工具使用技巧

（一）邮件列表获取

实施 EDM 之前，首先需要获取邮件列表，邮件列表的获取途径主要分为以下几种。

1. 从网站注册用户中得到

随着邮件的普及，网站注册用户名一般都是其 Email 地址，用户成功注册后，进入自己的邮箱，点击相关链接来激活所注册的用户名。也就是说，每一个用户名就是一个真实的 Email 地址。

2. 从目标论坛上获取

目标论坛上的用户都是潜在优质客户，我们可以通过发放样品、产品目录等形式获得许可的 Email 地址。

3. 从目标 QQ 群获得邮件地址

加入与行业相关的 QQ 群，群内所有 QQ 账户都会是潜在用户，将用户 QQ 号后面加个@ qq. com 便是邮箱地址，而且 QQ 群还有群发功能，如图 3 – 13 所示。

图 3 – 13　加入茶叶相关的 QQ 群

4. 从邮件营销服务商处得到

邮件营销服务商有一个大型的数据库，收集了各种各样的用户邮件地址，并且质量较高。还有一种方法就是从第三方商家的数据库中购买，这种方法可以一次性买到大量的地址，但真实性有待考证，所以营销质量无法保证。

茂圣官方旗舰店选择了简易好用的 MailPanda 作为邮件编辑工具，在进行邮件编辑前，首先通过以下步骤，完成邮件列表的获取和添加。

步骤 1：选择加入与行业相关的 QQ 群，从目标 QQ 群中可以得到群成员的 QQ 账号，进而获得邮件地址，并制作成相应的 Excel 表格，如图 3 – 14 所示。

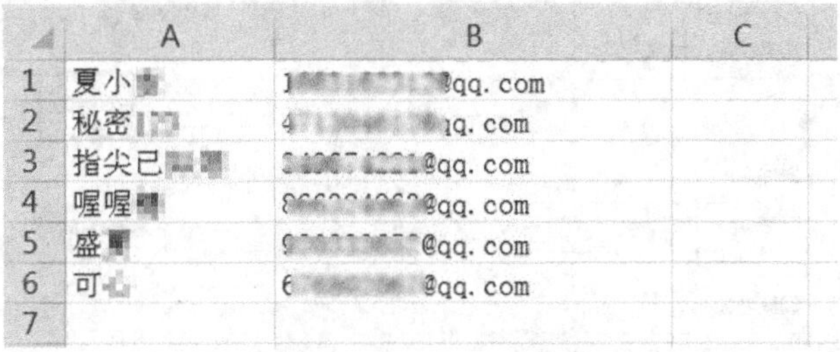

图 3 – 14　邮件列表

步骤 2：登录 MailPanda，点击页面绿色框中的“创建邮件”—“标准邮件”，进入设置页面，如图 3 – 15、图 3 – 16 所示。

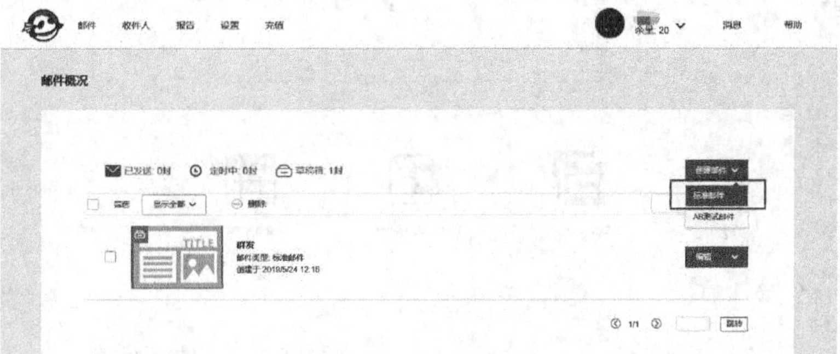

图 3 – 15　创建邮件

图 3 – 16　邮件设置页面

步骤3：在邮件设置页面的“选择收件人列表”处点击“新建列表”，进入新建列表页面，如图3－17、图3－18所示。

图3－17　点击“新建列表”

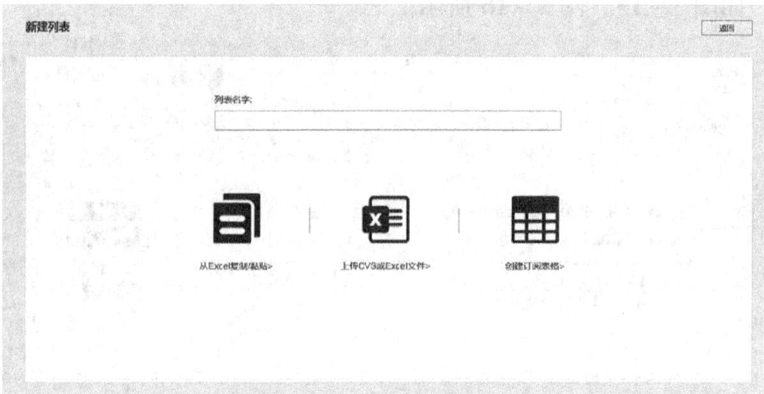

图3－18　“新建列表”页面

步骤4：在新建列表页面输入列表名字，并在“列表名字”下面的三种列表导入方式中选择其中一种进行收件人列表导入，这里我们选择第二种——上传CVS或Excel文件，点击即可进入上传邮件列表页面，如图3－19所示。

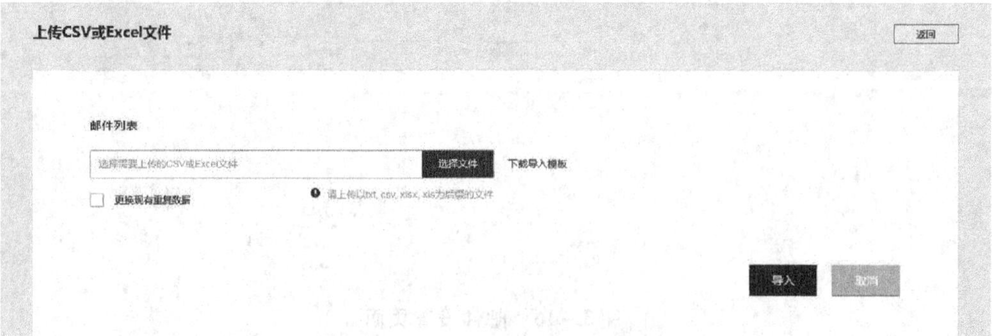

图3－19　上传邮件列表页面

步骤5：在邮件列表页面，选择预先整理好的Excel文件，会进入如图3－20所示的数据匹配页面，在列表注意事项前面打√，并点击页面右下角“导入”按钮，出现“你的收信人信息正在导入中”，如图3－21所示。

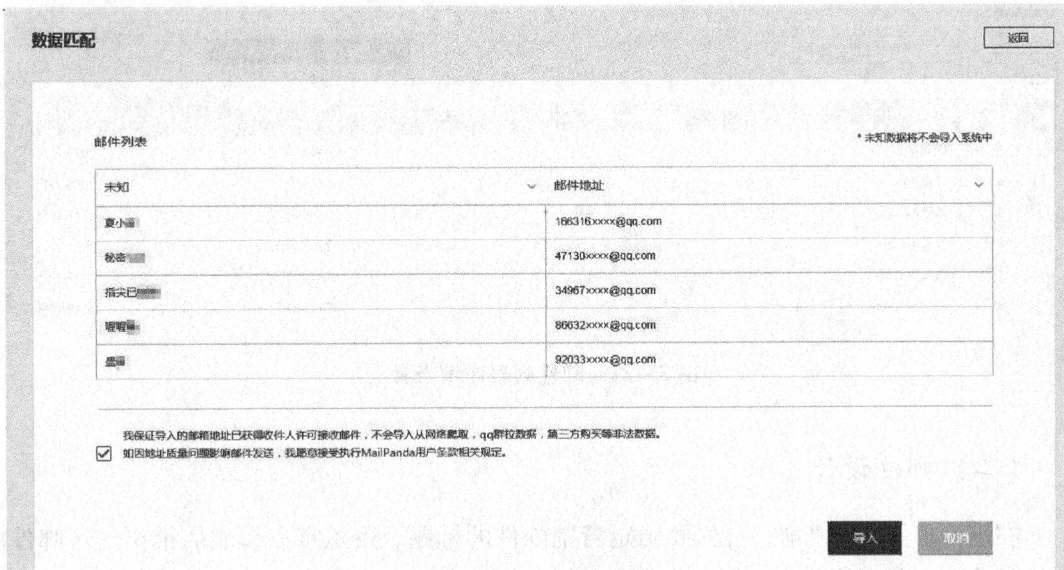

图3－20　邮件列表导入

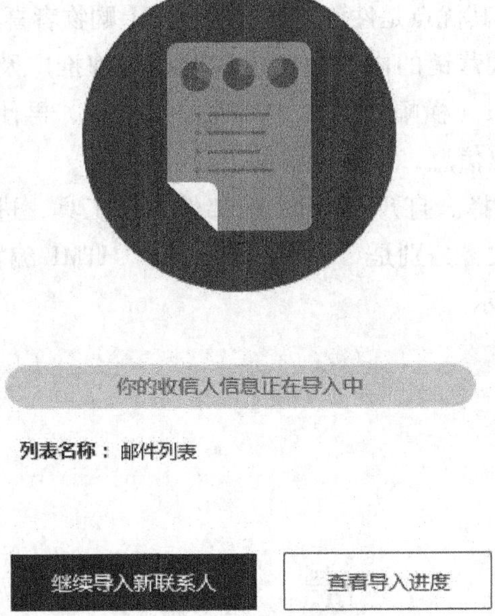

图3－21　导入收件人信息

收件人信息导入完成后，即可在邮件列表查看邮件地址、姓名、来源、添加时间信息，如图3－22所示。至此，邮件列表收件人信息导入完成。

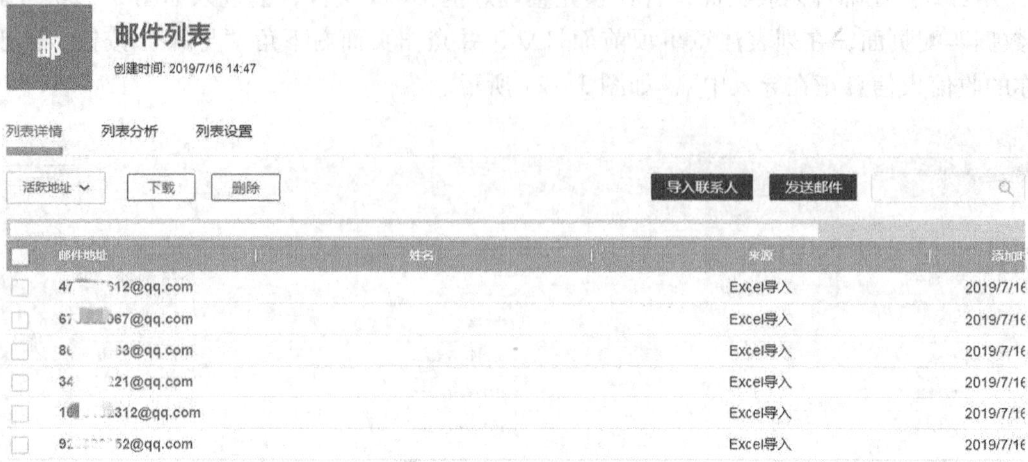

图 3－22　邮件列表详情查看

（二）邮件设计

在进行邮件设计之前，首先要确定营销邮件的标题。茂圣官方旗舰店推出这次邮件营销活动，一方面是为了借助年中粉丝狂欢月活动来进行产品促销，另一方面是为了让更多用户知道六堡茶及其品牌。因此，茂圣官方旗舰店将这次邮件的标题命名为“广西有一种性价比非常高的茶叶，很多人都不知道”，标题没有明确说明茶叶的品牌，引起用户的好奇心，而且点明了其优点是性价比高，符合网上购物者喜欢实惠的心理特点。

茂圣官方旗舰店此次营销的内容主要是六堡茶品牌推广及产品促销，对于此类需求，通常采用通栏 Banner（横幅）的方式展现促销信息，再使用小橱窗展现的方式展示推广产品以及活动优惠信息，具体步骤如下。

步骤 1：邮件模板选择。打开 MailPanda 邮件编辑工具，进入邮件编辑页面，页面展示了两种邮件编辑方式，分别是“模板编辑”和“HTML 编辑”，此处我们选择“模板编辑”，如图 3－23 所示。

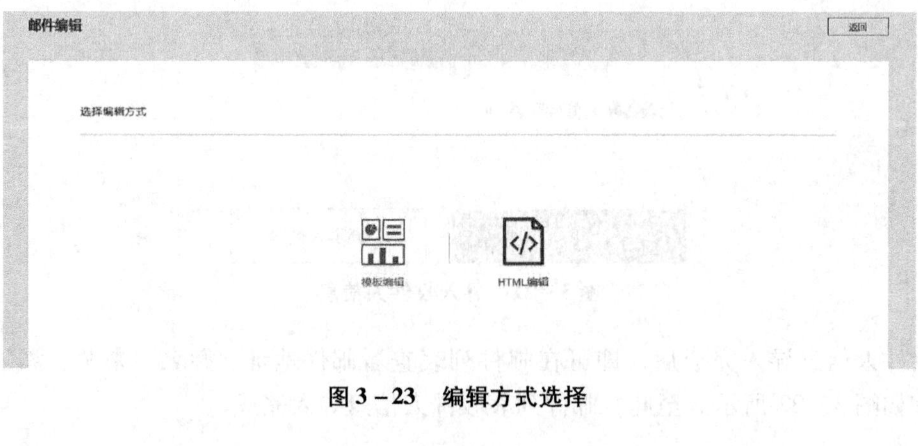

图 3－23　编辑方式选择

点击“模板编辑”，即可进入平台模板页面，这里有众多模板供大家选择，茂圣官方旗舰店根据店铺需要以及内容策划，选择了与之相匹配的“活动促销模板”，如图3－24所示。

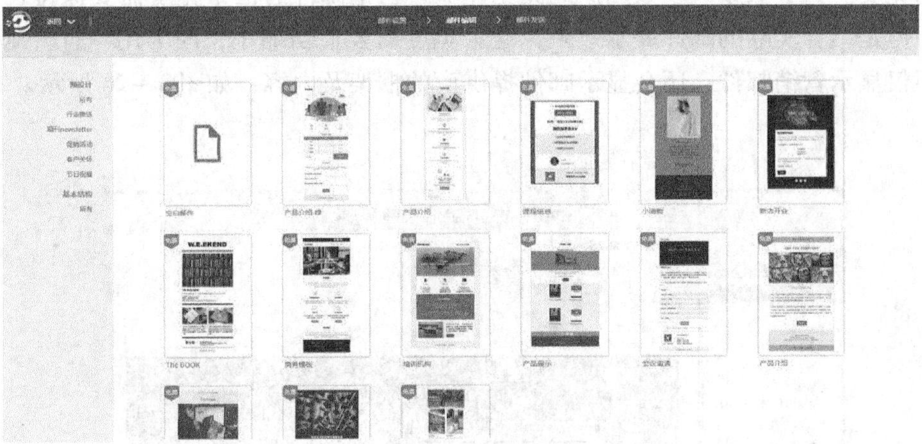

图3－24　模板选择

步骤2：邮件布局整体规划。

①邮件顶部规划。通常情况下，邮件的顶部需要展示出店铺Logo，这样当用户打开邮件时，可以立刻看到店铺的名称，如图3－25所示。

图3－25　顶部及Logo

②邮件中间部分规划。根据营销邮件的框架，通过表格的方式将需要展现在中间部分的商品及活动促销列举出来，这样可以直观地对营销内容进行进一步审查，如表3－1所示。

表3－1　邮件详细内容

编号	展示项目名称	所属位置
1	通栏 Banner	邮件顶部下方
2	网站优惠活动1	产品推荐栏位1
3	网站优惠活动2	产品推荐栏位2
4	网站优惠活动3	产品推荐栏位3
5	网站优惠活动4	产品推荐栏位4
6	优惠券展示	邮件底部上方

③邮件底部规划。邮件底部的空间无法展示更多的产品，但是为了做到产品营销

的延展，可以将其他类别产品的超链接或店铺二维码放在这个区域，既能有效利用空间，还能起到延展产品的作用。

步骤3：确定邮件布局的宽度。在确定了邮件的整体布局之后，接下来要确定邮件布局的宽度。为了兼顾大多数用户的浏览体验，营销邮件的框架宽度需要保持在900px以内，但是结合实际的邮件展示效果，这个宽度需要适当缩小，因为用户打开邮件后，页面不仅显示营销邮件，还会显示邮件提供商的框架及内容，如图3－26所示。

图3－26　邮件详细页面

从图3－26可以看出，由于邮件提供商的框架内容，营销邮件框架的宽度需要在原定的900px之上剪掉邮件提供商的菜单宽度，那么较为合适的营销邮件框架宽度就为650px。

综上，我们可以确定邮件的整体布局如图3－27所示。

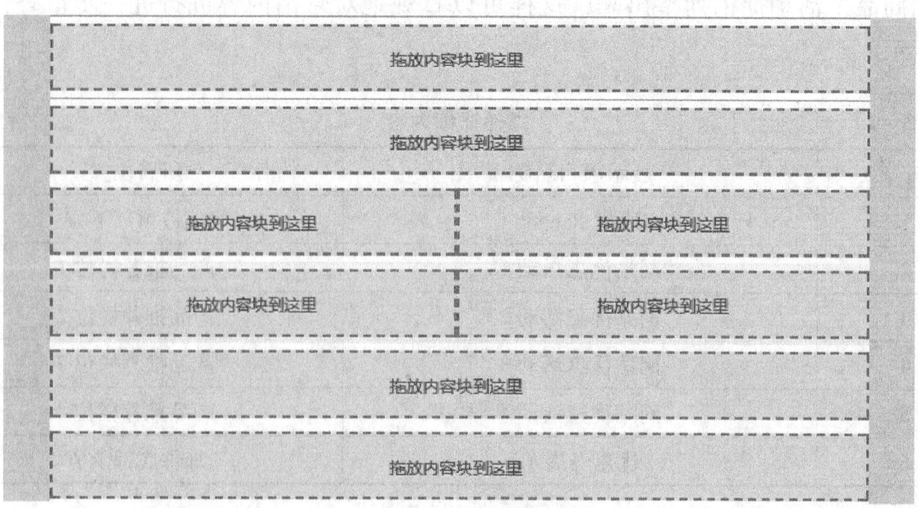

图3－27　邮件整体布局

（三）邮件编辑

完成各项框架属性的确认后，就可以着手进行邮件内容的编辑。

根据邮件结构规划可以看出，除去顶部和底部，页面的结构可以分为上下两大部分，其中上部的通栏 Banner 可以很有力度地展现出营销活动信息，中间普通推广商品展示区的面积有限，不能通栏展示一个内容，就需要将其进行分割，使其可以在有限的空间内展示更多产品以及活动详情，优惠券部分突出展示了优惠力度，吸引用户消费。

茂圣官方旗舰店借助 MailPanda 编辑工具，通过以下步骤完成了邮件内容的编辑。

步骤 1：根据邮件整体布局和规划，对每个模块的内容展现形式进行填充，通过拖拽编辑页面左侧栏中相应的图片、文本等任务，即可完成邮件各个模块内容的填充，如图 3－28 所示。

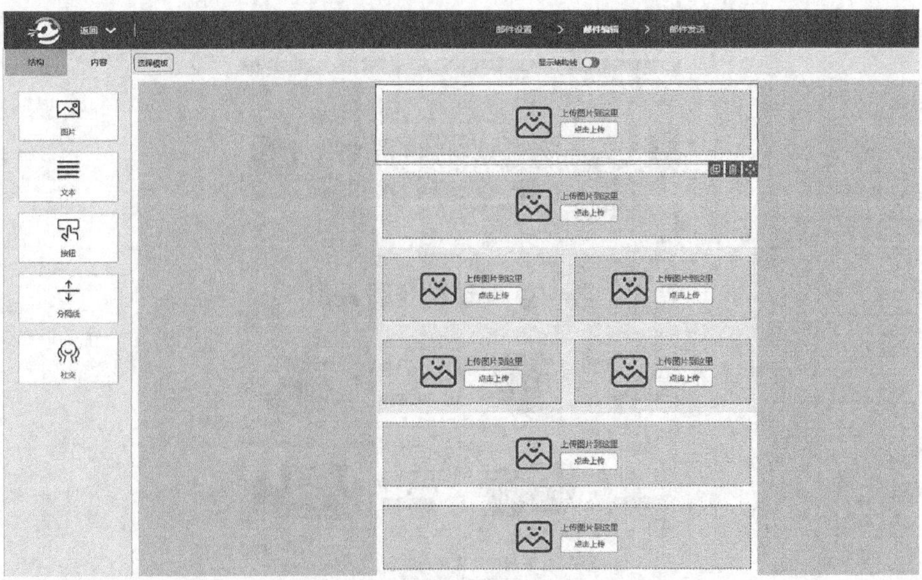

图 3－28　模块内容展现形式填充

步骤 2：根据营销内容策划，编辑页面，完成之后点击页面右上方的“保存”按钮，如图 3－29 所示。

完成以上操作，茂圣官方旗舰店这封名为“广西有一种性价比非常高的茶叶，很多人都不知道”的营销邮件就制作完成了，如图 3－30 所示。

（四）邮件发送

选择合适的发送时间对于 EDM 是至关重要的，茂圣官方旗舰店首先需要了解网民的上网时间，一般来说，网民平均上网时段分布在 15：00—17：00 以及 20：00—22：00

图 3－29　邮件编辑与保存

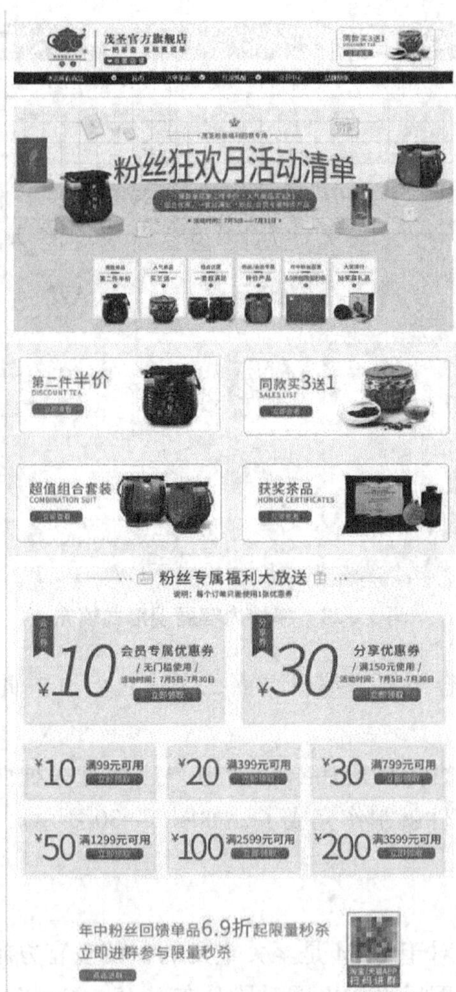

图 3－30　制作完成的邮件

这两个时段。因此可以在网民上网时间最频繁的时间段中发送邮件，这样会提高网民接收及打开邮件的概率。

此外，茂圣官方旗舰店结合网店性质及受众人群，并通过分析下午和晚上这两个黄金时间段，发现上班族在下午上网的概率更高，并且其目标用户也是该人群占多数，同时夜间上网人群通常并不会打开邮箱查看，而是会将邮件堆积到第二天。所以，邮件发送时间应该选择15：00—16：30，也就是临近下班时间为佳。茂圣官方旗舰店根据数据分析，选择以直接发送的方式，在临近下班时间进行发送，具体步骤如下。

步骤1：返回邮件列表，点击“立即发送”或者“定时发送”，这里我们选择“定时发送”，如图3－31所示。

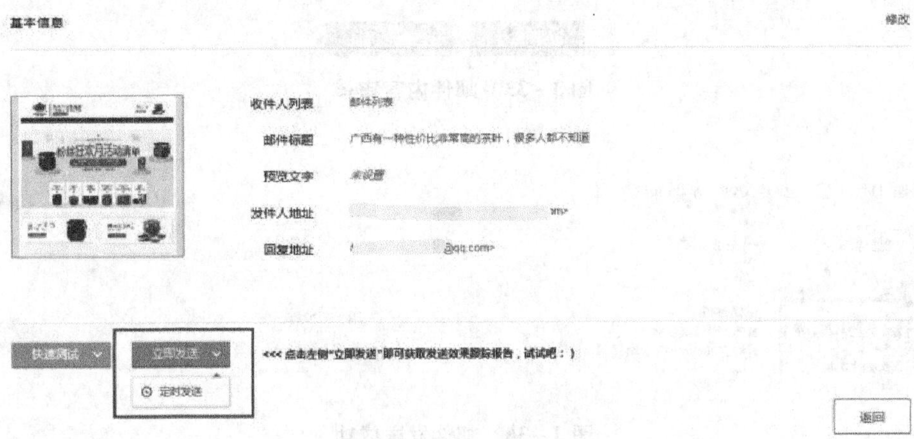

图3－31　定时发送

步骤2：完成步骤1操作之后，页面显示“是否确认马上发邮件”的提示，点击“确定”，会进入邮件内容审核页面，审核完成之后，一封营销邮件就发送成功了，过程如图3－32、图3－33、图3－34所示。

图3－32　“是否确认马上发邮件”提示

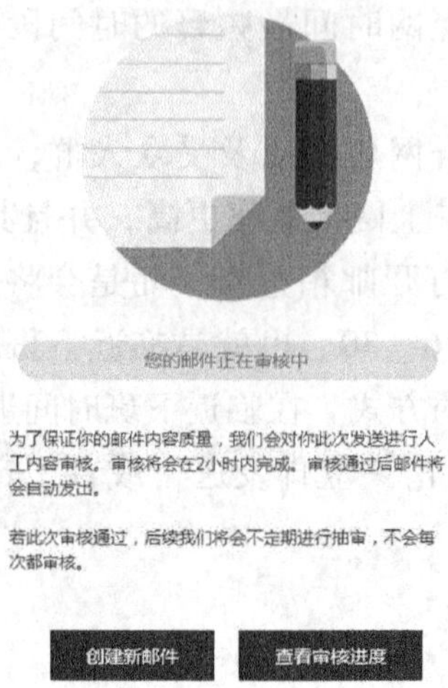

图 3－33　邮件内容审核

图 3－34　邮件发送成功

任务总结

本任务主要讲解了 EDM 的常用工具以及工具的使用技巧，重点培养学生借助 EDM 工具开展营销活动的能力。在学习过程中，学生要重点掌握 EDM 工具的使用方法和技巧，并能够实现举一反三，将其灵活应用于学习和实践中，不断提高自身技能。

任务评价

<table>
<tr><th colspan="3">任务评价表</th></tr>
<tr><td>任务完成方式</td><td colspan="2">□小组协作完成
□个人独立完成</td></tr>
<tr><td colspan="2">评价点</td><td>分值</td></tr>
<tr><td colspan="2">是否了解常见的 EDM 工具</td><td>20</td></tr>
<tr><td colspan="2">是否能够独立完成邮件设计</td><td>30</td></tr>
<tr><td colspan="2">是否掌握利用相关工具进行邮件编辑的步骤</td><td>30</td></tr>
</table>

续 表

<table>
<tr><td colspan="6">任务评价表</td></tr>
<tr><td colspan="5">是否明确邮件发送技巧</td><td>20</td></tr>
<tr><td colspan="6">任务总成绩：</td></tr>
<tr><td>自我评价</td><td>（20%）</td><td>小组评价</td><td>（20%）</td><td>教师评价</td><td>（60%）</td></tr>
<tr><td colspan="6">存在的主要问题</td></tr>
<tr><td colspan="6"></td></tr>
</table>

延伸练习

背景：

结合任务一，在完成 EDM 分析相关步骤之后，接下来学生需要根据本任务所学知识，进行 EDM 的具体实施。

步骤：

①学生根据邮件列表获取的相关方法，获取邮件列表。

②学生根据目标人群的需求以及网店产品特点，进行邮件设计。

③学生借助一种 EDM 工具，自行完成邮件内容的编辑。

④学生完成邮件发送。

任务三　EDM 效果监控

任务前导

邮件发送之后，EDM 并没有结束，我们还需要对所发送的邮件进行及时跟踪和反馈，了解邮件发送效果。在本任务中，我们将通过 EDM 效果监控来讲解 EDM 的后续相关知识，帮助学生掌握利用 EDM 工具进行营销效果监控的知识和技能。

任务实施

在邮件发送完成后还需要进行营销效果监控。EDM 效果监控，可以从四个基本指标分析入手，分别是到达率、打开率、点击率、转化率。

到达率显示邮件已进入用户邮箱的比例，是成功完成最终转化的第一步，是根本性的指标。到达率 = 实际到达用户收件箱/发送数量 ×100% 。不能有效到达有以下两个原因：一是用户邮箱已满，接收邮件受限；二是用户邮箱无效。

打开率是转化的关键。收件人在看到一封邮件后，会在 5 秒钟内甚至更少时间来考虑如何处理该邮件，号召力强的标题有助于促使用户打开邮件。

点击率的统计可以通过跟踪用户点击行为来实现。点击率的高低取决于整体设计风格、用户需求、促销内容等是否起到作用。

转化率是邮件发送的最终目的。EDM 中，所有的前期工作都是为了提高转化率而服务的。

茂圣官方旗舰店借助 MailPanda 工具后台自带的 EDM 监控功能，通过以下步骤进行营销效果监控。

步骤 1：发送概况分析。本次营销邮件发送给了 6 位收件人，其中成功送达的有 5 位，送达率为 83.3%；1 小时内打开人数为 2，打开率为 40%，如图 3－35 所示。

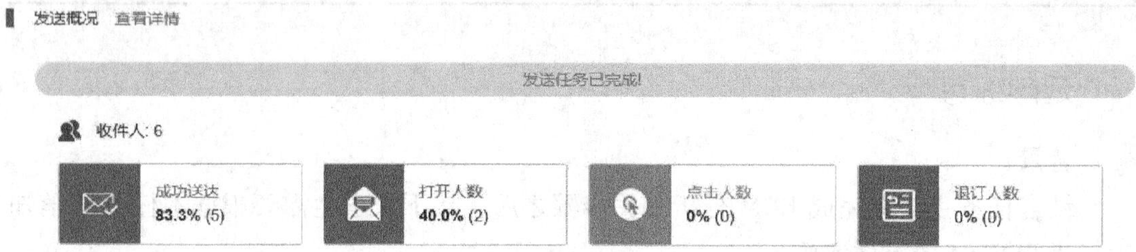

图 3－35　邮件发送概况

步骤 2：送达分析。MailPanda 工具后台会显示详细的邮件送达总数、成功送达数量、账号平均送达率及弹回环形分布图等，可以清晰明了地看到邮件发送后的详细情况，如图 3－36 所示。

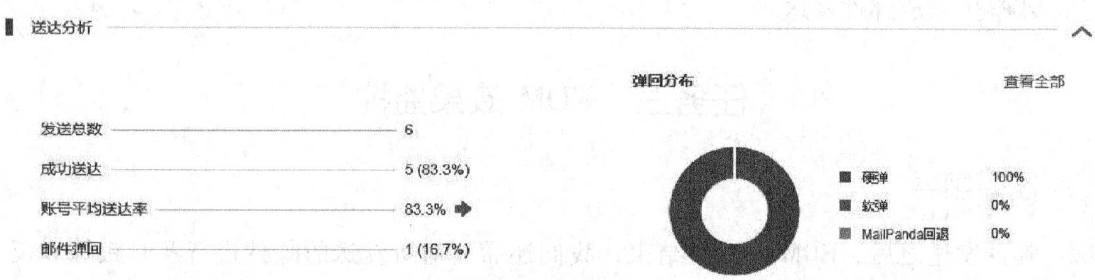

图 3－36　送达分析

步骤 3：打开分析。通过 MailPanda 后台显示，可以清楚地看到邮件的打开情况，同时还能看到打开邮件的收件人邮箱，如图 3－37 所示。

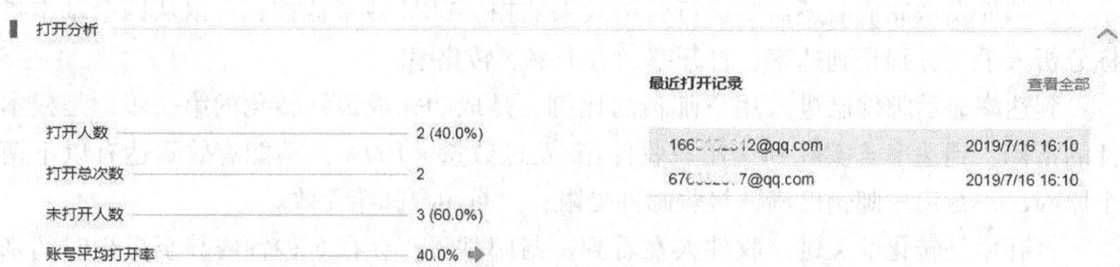

图 3－37　打开分析

步骤4：点击分析。通过点击分析，可以看到邮件发出之后的点击人数、点击总次数、点击人数占打开人数的百分比等数据，同时还可以看到点击排行，如图3－38、图3－39所示。

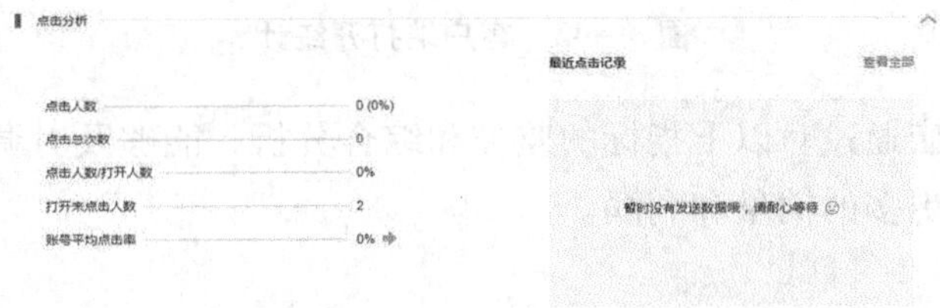

图3－38　点击分析

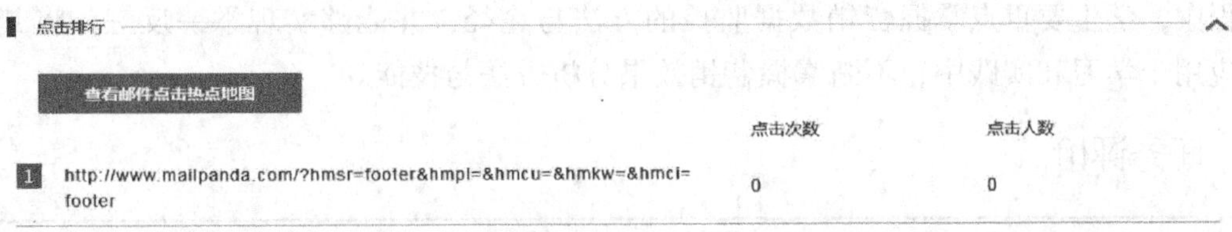

图3－39　点击排行

步骤5：除以上内容之外，我们还可以看到后台显示的邮件退订投诉分析、收件人行为习惯分析及客户端打开统计等，如图3－40至图3－42所示。

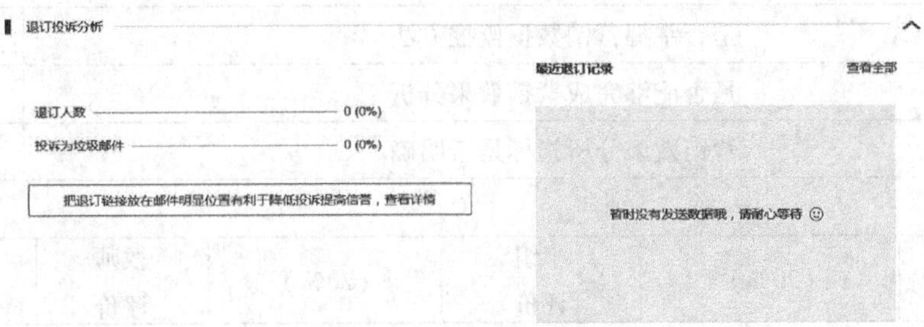

图3－40　退订投诉分析

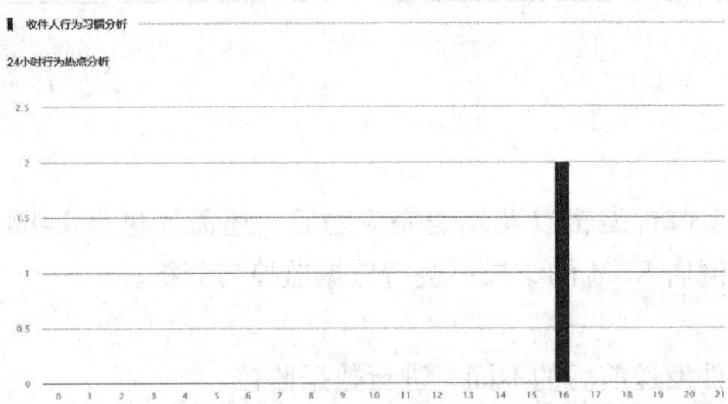

图3－41　收件人行为习惯分析

图 3－42　客户端打开统计

茂圣官方旗舰店通过对以上指标的监控和综合分析，能够及时调整和改变 EDM 策略，帮助店铺实现更多的销量和利润。

任务总结

本任务主要讲解了如何利用相关邮件营销工具进行 EDM 效果监控等内容。在学习过程中，学生要重点掌握营销数据监控的方法与途径，并能够实现举一反三，将其灵活应用于学习和实践中，不断掌握营销效果分析方法与技能。

任务评价

<table>
<tr><td colspan="6">任务评价表</td></tr>
<tr><td colspan="2">任务完成方式</td><td colspan="4">□小组协作完成
□个人独立完成</td></tr>
<tr><td colspan="5">评价点</td><td>分值</td></tr>
<tr><td colspan="5">是否掌握营销数据监控方法</td><td>40</td></tr>
<tr><td colspan="5">是否能够完成营销效果分析</td><td>40</td></tr>
<tr><td colspan="5">营销效果分析指标是否明确</td><td>20</td></tr>
<tr><td colspan="6">任务总成绩：</td></tr>
<tr><td>自我
评价</td><td>（20%）</td><td>小组
评价</td><td>（20%）</td><td>教师
评价</td><td>（60%）</td></tr>
<tr><td colspan="6">存在的主要问题</td></tr>
<tr><td colspan="6"></td></tr>
</table>

延伸练习

背景：

邮件内容策划、邮件编辑以及发送完成之后，还需要进行 EDM 效果监控与分析，请学生结合沙田柚网店 EDM 的结果，进行数据监控与分析。

步骤：

①学生根据邮件发送前后的不同，进行数据监控。

②学生根据 EDM 数据分析指标，进行营销数据分析。

项目四　新媒体营销

任务一　微博

任务前导

微博是当下人们获取碎片化信息的重要途径，截至2018年年底，其拥有4.62亿月活跃用户,[①] 企业是否能够借助拥有庞大用户基数的微博开展营销工作呢？接下来，我们就围绕微博营销的认知及常用的营销工具，向大家详细讲解。

任务实施

一、了解微博营销

（一）微博营销的概念

微博营销指商家、个人、企业等通过微博平台开展系列营销性质的工作，比如通过微博发现用户需求、解答用户疑惑等，是网络营销的一种重要方式。企业及商家借助微博平台聚集潜在粉丝，通过不断更新产品信息、粉丝感兴趣的话题，传递出企业价值，同时还会吸引粉丝与其线上线下互动，以此来达成营销目的。

微博营销所涉及的内容包括认证、有效粉丝、朋友、话题、名博、开放平台等，不论是企业，还是个人，都可以在其平台上开展营销活动。

（二）微博营销的特点

微博营销作为一种重要的新媒体营销形式，具有其独特的优势。

1. 平台强社交化

微博是社会化营销的首选工具，在持续的迭代更新中，不断推进自身社交赋能，截至2018年，微博月活跃用户和头部用户持续攀升，已优于同类社交平台。

---

① 数据来源于《2018年微博用户发展报告》。

2. 内容传播全媒体化

微博平台的内容传播形态更加完善，为平台用户提供了多种表达方式，有文字、图片、视频、长文、问答、直播等媒体传播形态。

3. 内容领域垂直化

微博一直致力于深耕垂直领域，满足用户多元化需求，通过强化平台的网络效应来提高平台核心竞争力。截至2018年，微博的垂直领域覆盖已达到60个，其中月阅读量超百亿的共32个。①

4. 营销成本低，传播速度快

与传统营销推广相比，微博的营销成本低很多，但是其受众群体却不低于传统广告的受众群体。除此之外，微博支持手机端、PC端操作，其传播速度借助互联网实现了几何级数增长。

（三）微博营销的类型

常见的微博营销类型有广告营销、粉丝营销、互动营销三种，每一种营销形式都有其特点及适用场景。

1. 微博广告营销

微博广告营销，是企业通过在微博上投放广告来实现营销目的，比如微博App的开屏广告、Banner广告、客户端广告等，如图4－1、图4－2、图4－3所示。

图4－1 App开屏广告

① 数据来源于《2018年微博用户发展报告》。

图 4－2　Banner 广告

图 4－3　客户端广告

微博广告营销，需要私下寻找广告代理商，代理商会根据用户需求量身定制广告营销方案。微博广告代理商有很多，大家可根据需要进行筛选，比如在百度搜索框中搜索“微博广告”，就有推荐的代理商，如图 4 – 4 所示。

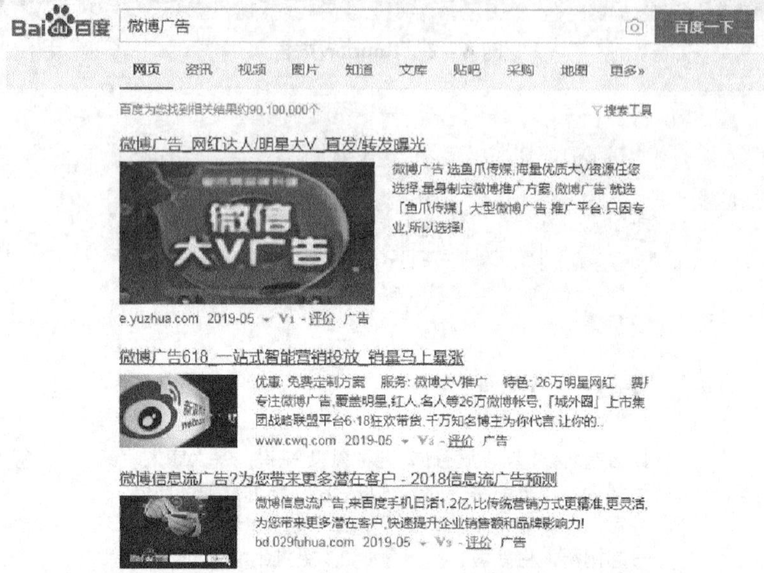

图 4 – 4　百度搜索“微博广告”

2. 微博粉丝营销

微博营销的社交性体现在粉丝推广上，为赋能社交功能特推出了“粉丝通”服务，帮助企业及个人快速找到自己的用户。除此之外，还可以基于粉丝，推出系列粉丝活动，比如组织粉丝线上见面会、粉丝商品推介等，如图 4 – 5 所示。

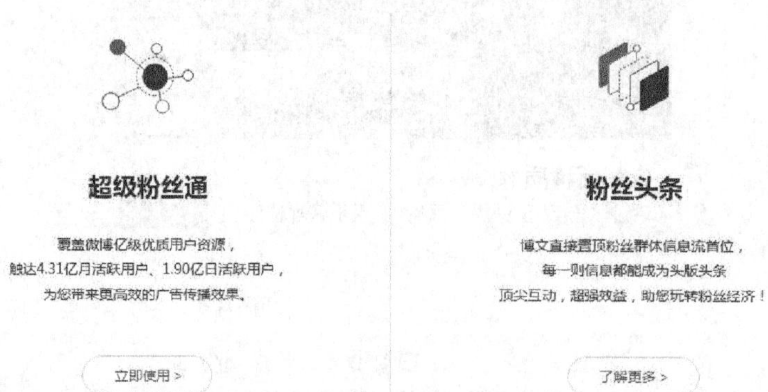

图 4 – 5　微博粉丝营销工具

以上两个微博粉丝营销工具，用户可输入网址 http：//tui. weibo. com，进入微博广告中心，申请开通即可，如图 4 – 6 所示。

图 4 - 6　微博广告中心

3. 微博互动营销

微博平台的社交属性，决定了其具有高互动性，比如私信、评论、点赞、话题等，在互动中弱化营销色彩，能够让用户在无形中接受产品及品牌，图 4 - 7 就是一个“一起过六一”的营销话题。

图 4 - 7　话题“一起过六一”

从图中可以看到，当时话题的总阅读量有4.1亿，讨论达到29万，为营销提供了天然土壤。

二、微博营销工具使用

常见的微博营销工具，除了官方应用外，还有专注于粉丝互动的推兔工具，专注于图文编辑推送的皮皮时光机、长微博工具，专注于微博精美图片制作的图怪兽工具。

（一）微博官方应用

微博官方应用功能比较强大，比如图文推送、粉丝互动、话题参与、视频直播等，不仅是人们获取日常资讯的主流渠道，还是企业、商家、个人开展新媒体营销工作的重要方式。

如图4－8所示，用户可以在内容编辑框中插入表情、图片、视频、话题、文章等，对自己认为有趣的内容进行发布。

图4－8　微博官方应用首页

如果要在微博官方应用中发起直播，可进入手机用户端，点击首页右上角的“＋”按钮，选择“直播”即可，如图4－9所示。

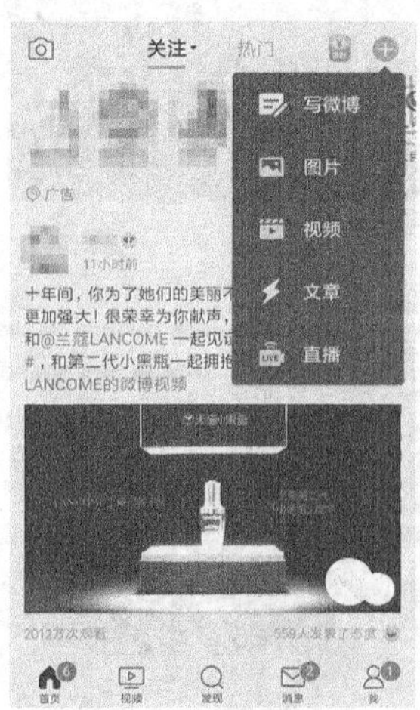

图4－9　微博客户端

（二）皮皮时光机

皮皮时光机是一款第三方微博管理应用工具，在提供了丰富的内容库资源的同时，还为广大运营人员提供了定时发布微博、定时转发微博、微博互动、多人协同管理、个性化设置、发送记录统计等功能，帮助大家更好地运营微博，具体操作如下。

步骤1：通过网址 http：//t. pp. cc，进入皮皮时光机的首页，如图4－10所示。

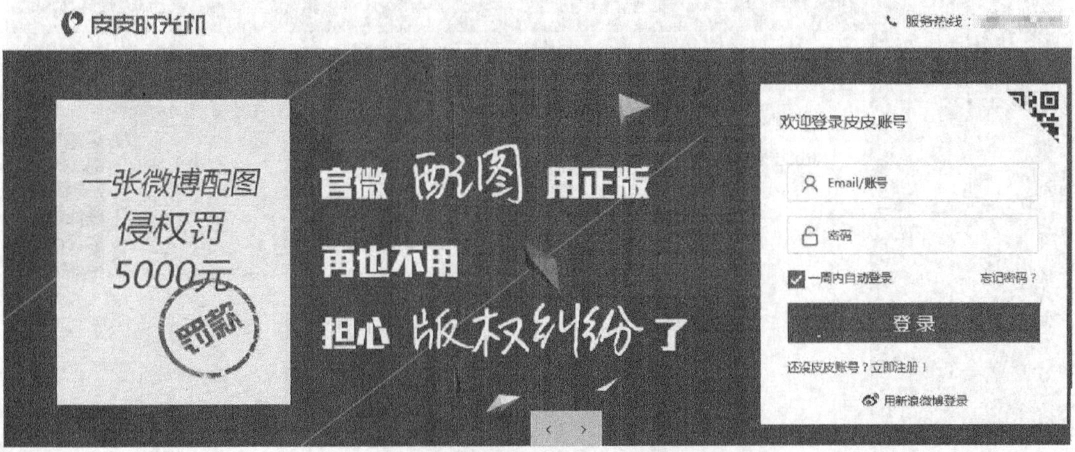

图4－10　皮皮时光机首页

步骤2：点击“立即注册”，输入昵称、密码、邮箱、验证码等，账号注册成功后，点击登录进入皮皮时光机的运营后台，如图4－11所示。

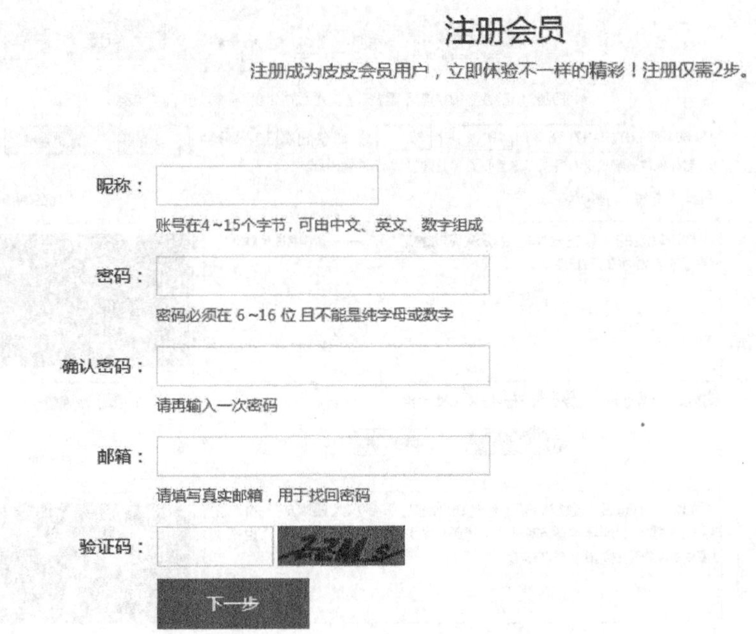

图4－11　注册皮皮时光机的会员

步骤3：进入皮皮时光机运营后台，免费版开放了定时、互粉、互推等功能，如图4－12所示。选择定时，有定时微博、定时转发、内容库、发送记录、设置功能。

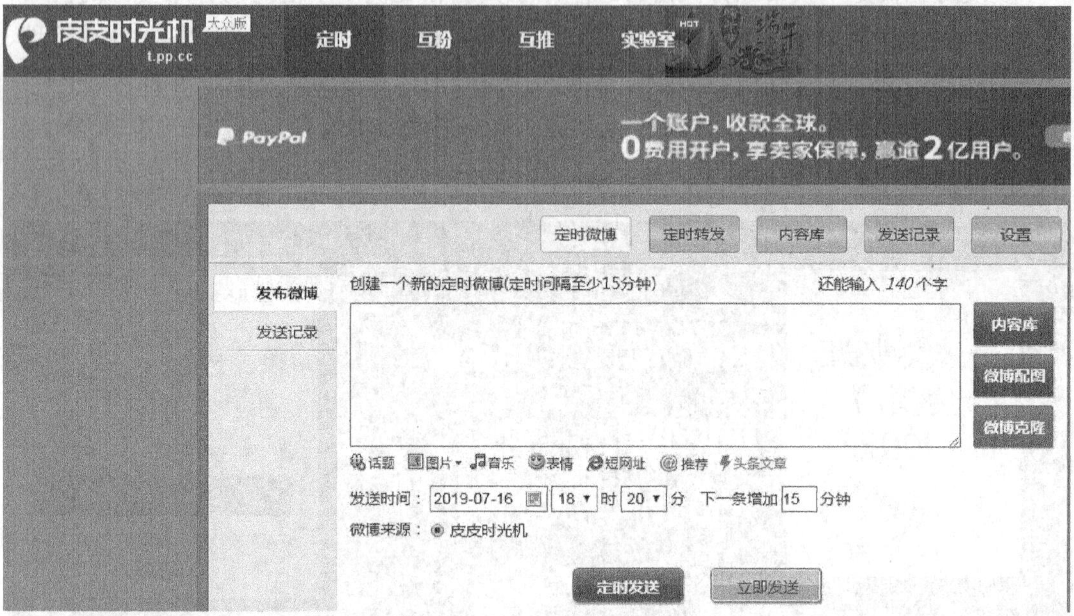

图4－12　皮皮时光机运营后台

步骤4：点击内容库，筛选所需的内容，点击内容下方的定时发送，就会在皮皮时光机首页下方出现定时发送记录，如图4－13、图4－14所示。

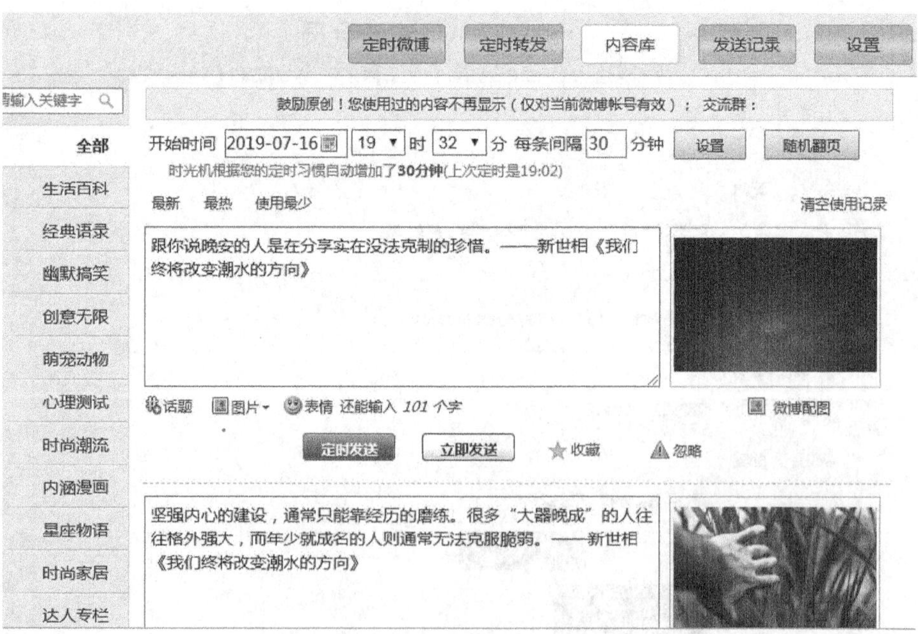

图4－13　皮皮时光机内容库

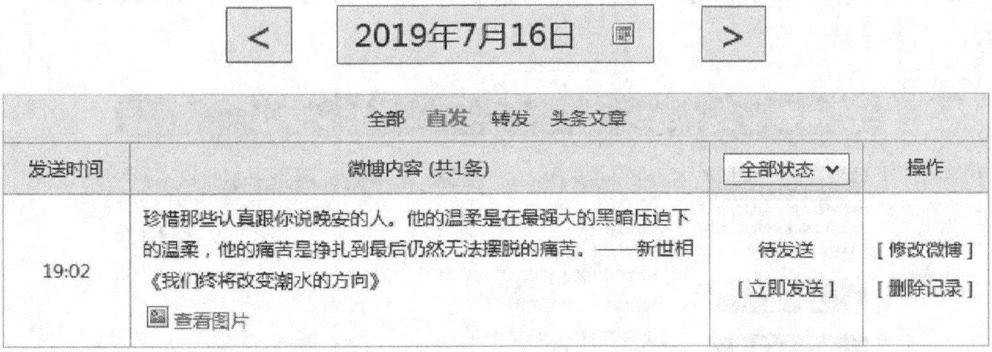

图4－14　皮皮时光机定时发送记录

步骤5：如果要发布微博，在内容框中输入内容，插入话题、图片、音乐、表情、短网址、推荐等相关内容，再设置好发送时间、微博来源等，设置完成后，点击“定时发送”即可。

（三）推兔

推兔是一款针对新浪微博和腾讯微博的免费第三方应用工具，是一款为微博账号提供互粉、互推服务的新型工具，其基于积分的方式，有效提高用户积极性的同时，也能够屏蔽大量僵尸粉。

直接输入网址 http：//tuitu. sinaapp. com 或者在百度搜索框中输入关键词“推兔”，进入其官网，如图4－15所示。

图4－15　推兔首页

点击“用微博账号登录”，进行登录授权，便可进入推兔工作页面，如图 4－16 所示。

图 4－16　推兔工作页面

推兔是基于积分规则发布任务的，用户可以通过一些“赚积分”的任务获得积分，可以通过关注获得积分，也可以通过转发获得积分，如图 4－17 所示。

图 4－17　赚取积分

赚取到的积分，可以通过“求关注”“求转发”功能发布互粉、互推任务，从而获取更多的粉丝关注与互动，如图 4 – 18、图 4 – 19 所示。

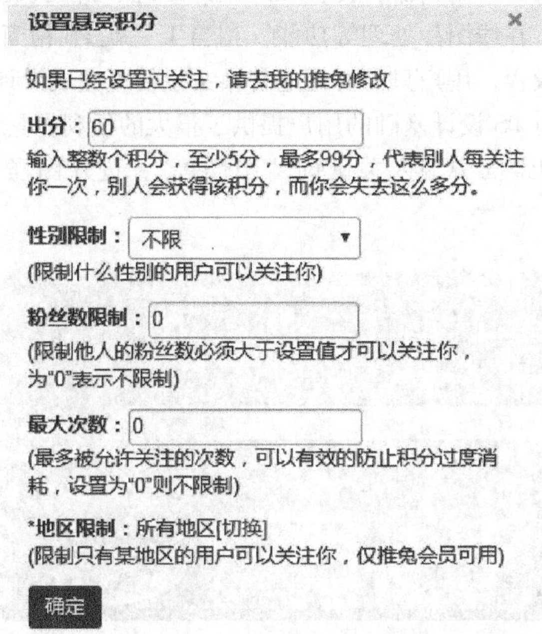

图 4 – 18　求关注任务

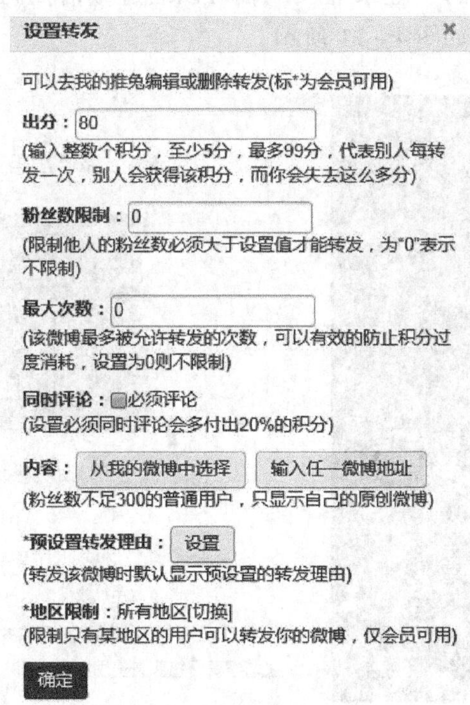

图 4 – 19　求转发任务

（四）图怪兽

图怪兽是一款在线图片编辑器，提供在线图片处理、拼图、图片制作、在线设计、平面设计、海报设计、在线图片处理等功能，相当于一款 PS 精简版软件。图怪兽为用户提供了大量的设计模板，用户只需要通过替换文字便可完成设计。

图怪兽为众多没有 PS 设计基础的用户提供了很大的便利，具体操作如下。

步骤 1：直接在搜索框中输入关键词“图怪兽”，进入图怪兽首页，如图 4－20 所示。

图 4－20　图怪兽首页

步骤 2：选择右上角的“登录/注册”，可以通过微信扫码注册登录，也可以直接通过微信或者 QQ 登录，如图 4－21 所示。

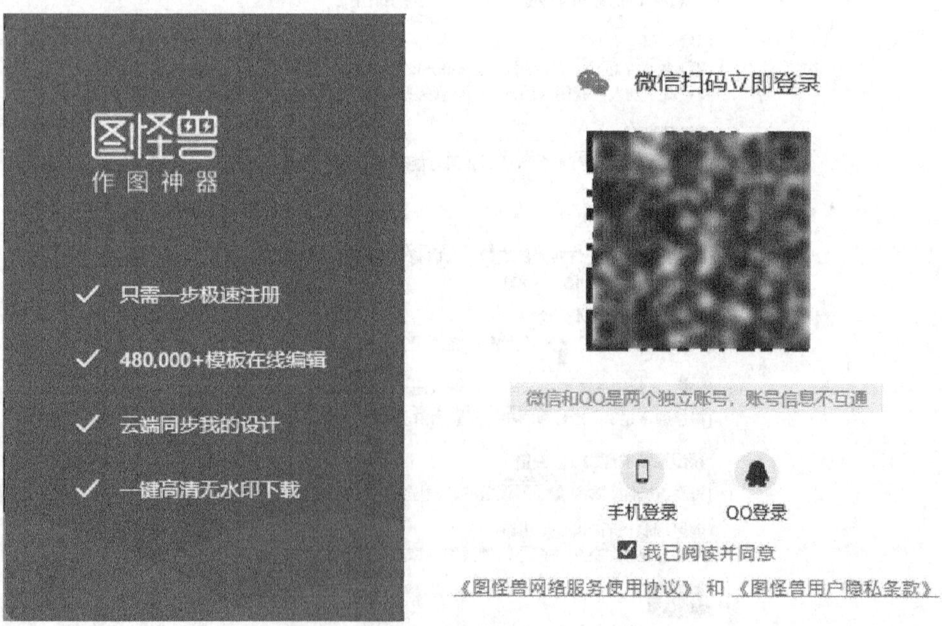

图 4－21　登录/注册账号

步骤3：登录进入图怪兽的工作台，可以通过搜索关键词，寻找需要的模板，也可以通过模板中心分类，选择需要的设计模板，如图4－22所示。

图4－22　图怪兽工作台

图怪兽工作台从分类、用途、风格、行业、颜色、工具等维度，提供了众多模板，用户根据自己需要，选择不同用途的模板，如图4－23所示。

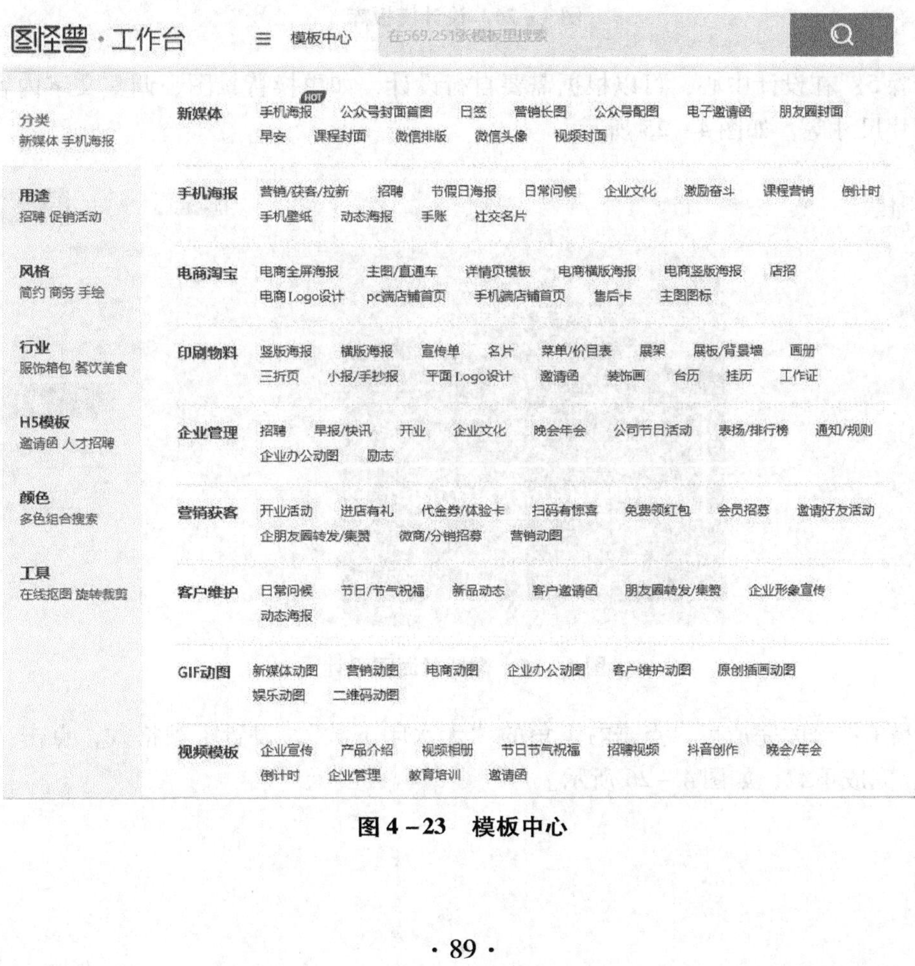

图4－23　模板中心

步骤4：选择新媒体中的“手机海报”，进入设计模板库，从中筛选出符合要求的设计风格模板，如图4－24所示。点击该模板，进入设计中心。

图4－24 设计模板库

步骤5：在设计中心，可以根据需要自行设计，如更换背景图、调整文字内容及设置、图片尺寸等，如图4－25所示。

图4－25 微博封面图设计

步骤6：修改完成后，点击右上角的“无水印下载”，设置下载格式，点击“开始下载”，完成下载，如图4－26所示。

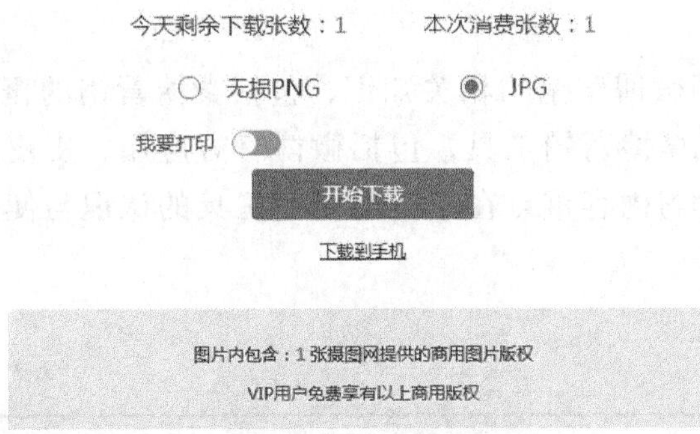

图 4－26　下载设置

（五）长微博

长微博是基于微博最初的 140 个字符限制而出现的一种文字转图片工具，转换后的图片中文字清晰，可支持 10000 个字，而且没有底部签名，是深受广大用户喜爱的制作长微博工具。

直接输入网址“http：//www. taichangle. com”，或者通过百度搜索框输入“长微博”，进入长微博工具首页，在内容框中输入需要转化的长微博内容，点击下方的“转换为图片”，完成长微博的制作，如图 4－27 所示。

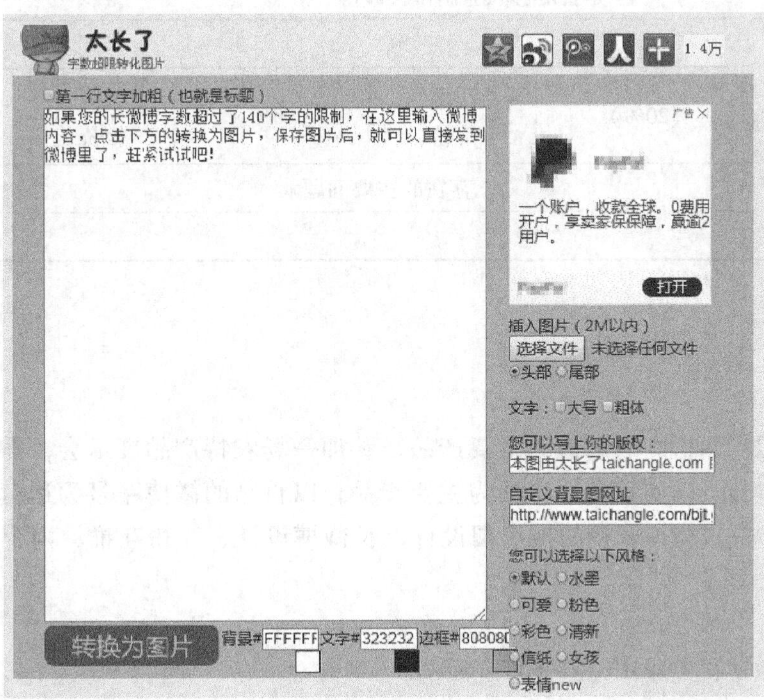

图 4－27　长微博工具

任务总结

本任务主要讲解了微博营销的相关知识，包括微博营销的概念、特点、类型，同时也介绍了几种常见的微博营销工具，包括微博官方应用、皮皮时光机、推兔、图怪兽、长微博。该任务学习内容重点在于微博营销工具的认识与使用，学生应以实操演练为主。

任务评价

<table>
<tr><th colspan="6">任务评价表</th></tr>
<tr><td colspan="2">任务完成方式</td><td colspan="4">□小组协作完成
□个人独立完成</td></tr>
<tr><td colspan="5">评价点</td><td>分值</td></tr>
<tr><td colspan="5">是否准确理解微博营销的概念、特点</td><td>10</td></tr>
<tr><td colspan="5">是否能够区分微博营销的不同类型</td><td>10</td></tr>
<tr><td colspan="5">是否能够运用皮皮时光机设置微博定时发送</td><td>25</td></tr>
<tr><td colspan="5">是否能够运用推兔工具发布关注及转发任务</td><td>15</td></tr>
<tr><td colspan="5">是否能够运用图怪兽完成微博图设计</td><td>25</td></tr>
<tr><td colspan="5">是否能够独立制作长微博</td><td>15</td></tr>
<tr><td colspan="6">任务总成绩：</td></tr>
<tr><td>自我
评价</td><td>（20%）</td><td>小组
评价</td><td>（20%）</td><td>教师
评价</td><td>（60%）</td></tr>
<tr><td colspan="6">存在的主要问题</td></tr>
<tr><td colspan="6"></td></tr>
</table>

延伸练习

背景：

某公司以广西盛产的麻油为主要产品，参加一场农特产品展示会，需要借助公司的微博进行宣传，请同学们以麻油为主要产品，以自己的微博账号为运营账号，运用不同的工具，完成微博营销的推广图设计、长微博设计、互粉互推、内容定时推送等内容。

步骤：

①通过微博官方应用，发布官宣通知。

②运用皮皮时光机，提前预设未来一个星期的发布内容。

③运用推兔工具，完成与粉丝的互粉互推。

④运用图怪兽完成微博宣传图的设计。

⑤利用长微博工具，制作一些用于宣传的长微博。

任务二　微信

任务前导

微信拥有庞大的用户基数，企业在此基数之上开展的系列营销活动，也成为一种新型的网络营销方式。微信营销与微博营销相比，其优势有哪些？该如何借助相关工具，实现营销目的呢？接下来，本任务将对此一一进行讲解。

任务实施

一、了解微信营销

（一）微信营销的概念

微信营销，是基于微信这一强大社交软件而衍生出一种营销方式，满足企业及个人在网络经济时代进行线上线下互动营销的需求，让信息交流互动更加及时、畅通。

（二）微信营销的特点

微信营销，相比于传统营销方式，它具有鲜明互联网化特点，主要体现在以下几点。

1. 成本低

微信起初只是一种社交工具，帮助人们实现即时信息聊天，其软件自身是免费的，使用各种功能也都不会收费，比如朋友圈、摇一摇、搜一搜、看一看、附近人、小程序等。

2. 受众广

2018 年，微信每个月约有 10.83 亿用户保持活跃，每天有 450 亿条消息发送出去，[①] 它已经成为人们的一种生活方式，几乎人人手机上都会安装一个微信软件。

3. 裂变式传播

裂变是生物界概念，细胞由一个裂变为两个，两个裂变为四个，从而完成新陈代谢。微信营销，也有这种类似于细胞裂变的特性，一条内容，经过一个人传给了两个人，两个人再分享给了四个人，依次类推，一条消息就会在很短时间内，像病毒一样在微信用户间传播。

---

① 数据来源于《2018 微信数据报告》。

4. 社交属性

前面已经提到，微信是一种社交工具，人们可以在微信上实现即时信息聊天，还可以在朋友圈相互发表观点，彼此间实现点赞、留言等互动。

（三）微信营销的优势

1. 微信能够帮助企业实现点对点的精准营销

微信可以将每一条消息推送到每个用户手机中，借助即时沟通功能，实现点对点的交流、沟通，有助于企业直接经营用户、管理用户。

2. 微信能够为企业及商家提供灵活多样的营销样式

微信可提供的功能有很多，如二维码、摇一摇、公众号、小程序、扫一扫等，这些功能为营销提供便利的同时，也让企业能够创新出多样性的营销方式。

3. 微信营销是一种强关系机制

微信的点对点模式，可以将用户之间的普通关系升级成强关系，企业以互动的形式与用户建立联系，拉近与用户之间的距离，最终实现营销。

（四）微信营销的类型

企业利用微信开展营销的形式有朋友圈营销、公众号营销、小程序营销、微信群营销四种。

1. 朋友圈营销

企业或个人申请开通个人微信账号，利用这一账号在朋友圈发布与产品、品牌、活动相关的信息、广告，让朋友圈中的人看到并有了解、参与的机会，如图 4－28 所示。

图 4－28　朋友圈营销

2. 公众号营销

微信提供了公众号平台，包括订阅号、服务号、企业号等，企业或个人满足开通条件，便可开通微信公众号，在微信公众号中发布图文、视频、语音等与产品、品牌、活动相关的资讯，从而实现营销目的，如图 4－29 所示。

图 4－29　央视新闻微信公众号

3. 小程序营销

微信小程序无须下载便可使用，满足了用户“用完即走”的需求，开发门槛也相对较低，功能多种多样，如图 4－30 所示，是微信公开课小程序，开设了社区与资讯功能。

图 4－30　微信公开课小程序

4. 微信群营销

这是基于微信的社交属性被挖掘出的一种营销模式，大家可以将有共同需求的人聚集成一个群体，在微信上创建交流群，在群中大家可以各抒己见，传播彼此的营销诉求，如图 4－31 所示。

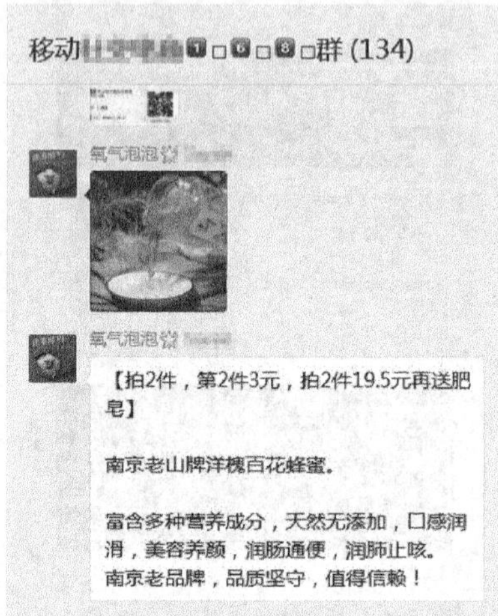

图 4－31　某电商微信群聊天界面截图

二、微信营销工具使用

（一）135 编辑器

135 编辑器是一款提供微信公众号文章排版和内容编辑的在线工具，样式丰富，支持一键替换模板、收藏样式和颜色、图片素材编辑、图片水印、一键排版等功能，让用户能够轻松编辑微信公众号图文，具体操作如下。

步骤 1：直接输入网址 http：//www.135editor.com/或者在百度搜索框中输入关键词“135 编辑器”，进入 135 编辑器工具首页，如图 4－32 所示。

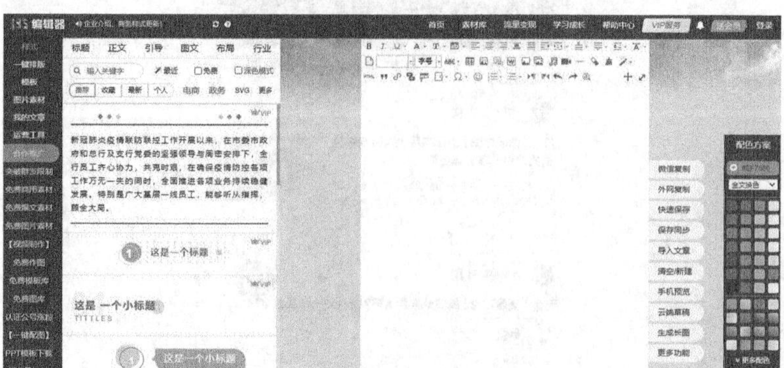

图 4－32　135 编辑器首页

步骤2：通过上方导航栏，选择素材库下拉列表中的样式中心和模板中心，挑选满意的素材及模板，如图4－33、图4－34所示。

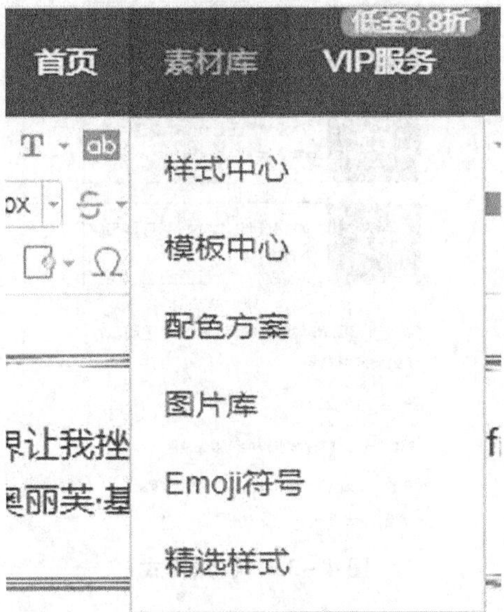

图4－33　素材库

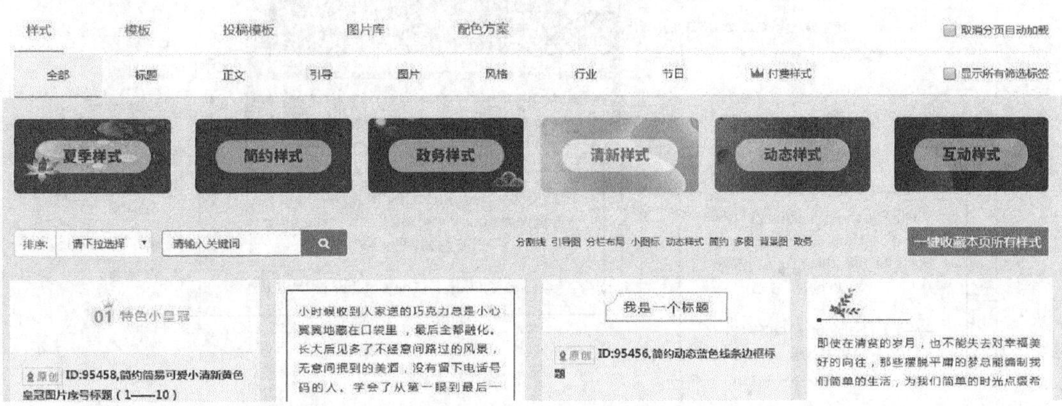

图4－34　样式中心

步骤3：选择满意的模板或样式后，点击模板或样式下的收藏按钮，可以将该模板或样式收藏到自己的素材库中，如图4－35所示。

步骤4：收藏后，刷新135编辑器首页，收藏的样式就会出现在页面左侧的样式框中。

步骤5：点击左侧的样式，右侧编辑框中就会出现该样式，对样式中的内容进行编辑，并设置样式的格式，如字体颜色、行距等，如图4－36所示。

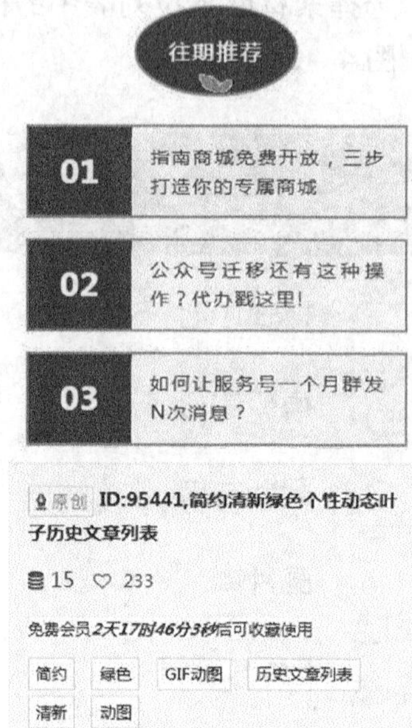

图 4－35　收藏样式

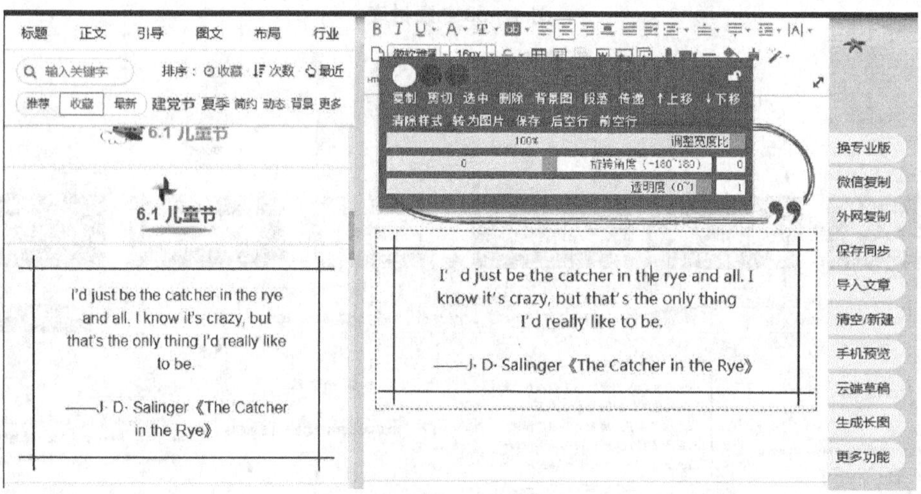

图 4－36　编辑内容

步骤 6：内容编辑完成后，选择编辑框右侧的微信复制、外网复制、快速保存、保存同步、手机预览、生成长图等。选择微信复制后，可以将内容复制到微信公众号新建的图文素材内容编辑框中；点击保存同步，可将编辑好的内容同步到 135 编辑器绑定的微信公众号素材库中。

（二）创客贴

创客贴是一款多平台极简图形编辑和平面设计工具，为用户提供图片素材和设计模板，通过简单的拖、拉、拽等操作就可以设计出适用于 Web、Mobile、Mac、Windows 平台的海报、PPT、名片、邀请函等。

在百度搜索中，输入“创客贴”，即可进入创客贴首页，点击右上角的“登录/注册”，进入创客贴的设计中心，如图 4－37、图 4－38 所示。

图 4－37　创客贴首页

图 4－38　创客贴设计中心

创客贴的后台设计中心与图怪兽的比较相似，皆是通过选择模板，然后修改模板中的相关元素，完成平面设计，如微信公众号封面首图、公众号封面小图等。设计完成后，可将设计的图片下载下来，如图 4－39 所示。

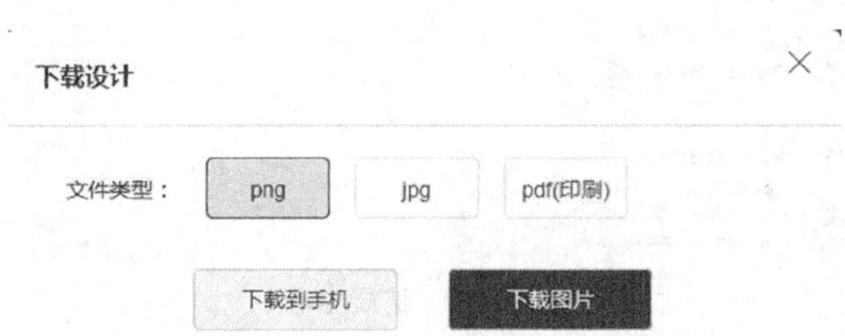

图 4－39　下载设计

（三）新媒体管家

新媒体管家是一个运营新媒体的集合工具插件，便于用户管理多个新媒体账号，目前支持微信公众号、今日头条、一点资讯、微博、知乎、网易媒体平台、搜狐视频开放平台、企鹅媒体开放平台、UC 大鱼号、简书、百度百家号等新媒体平台。

同时，新媒体管家还支持各账号一键登录，节省登录时间；一个浏览器可以同时登录多个微信公众号，不用反复扫码。

在百度浏览器中输入 http：//xmt. cn/index 或者通过关键词“新媒体管家”，进入新媒体管家插件首页，点击首页导航栏中的“下载”，进入插件下载页面，如图4－40所示。

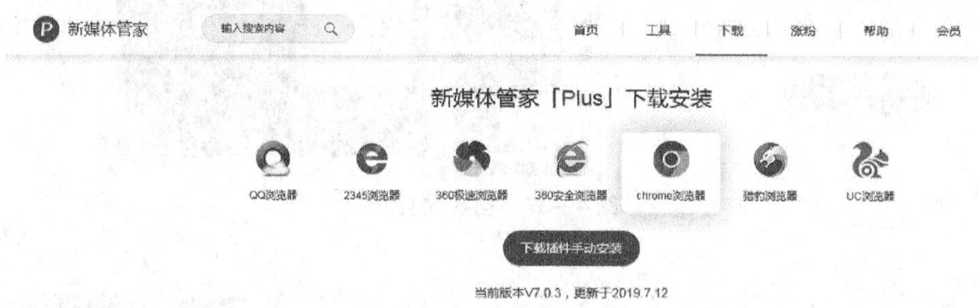

图 4－40　新媒体管家首页

用户根据自己习惯的浏览器，下载适用的插件，下载完成后，打开插件所在的文件夹，找到已经下载的后缀是 . crx 的文件，然后打开浏览器拓展安装页面，点击扩展中心右上角的“开发者模式”按钮，然后刷新页面，把下载好的 CRX 文件拖入扩展中心，即可完成新媒体管家插件的安装，如图 4－41 所示。

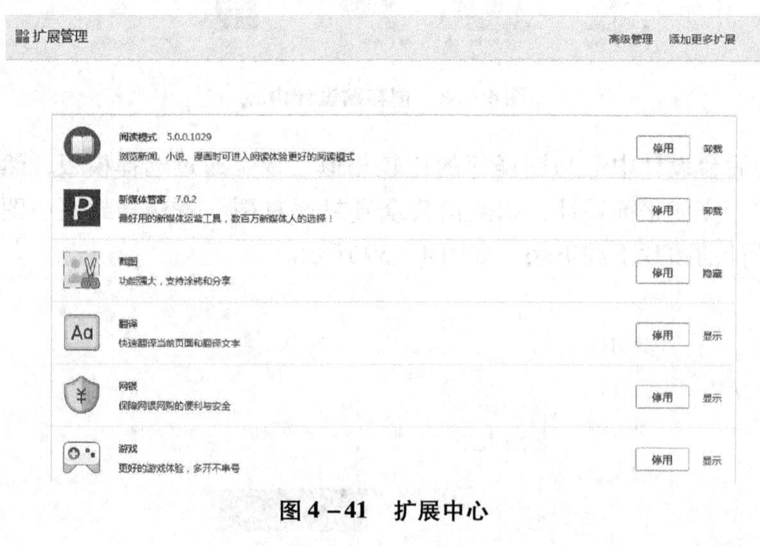

图 4－41　扩展中心

安装成功之后，浏览器的右上角就会出现新媒体管家的图标，如图4－42所示。除此之外，在新媒体管家插件中，还为用户提供了运营辅助、设计制作、实用工具、变现渠道等工具，方便运营者管理新媒体账号。

图4－42　新媒体管家插件

（四）西瓜助手

西瓜助手通过大数据为用户提供文章素材库，以及公众号分析、智能编辑器、定时群发等辅助运营的功能。每日更新超过百万篇文章，覆盖各行业及垂直领域热门内容、优质原创文章，帮助用户快速查找或创作优质内容。

西瓜助手还拥有智能的公众号违规监测、文章违规监测以及文章违规风险提示等功能，帮助运营者有效识别违规内容，健康运营公众号。

利用西瓜助手运营账号的具体操作如下。

步骤1：直接输入https：//zs. xiguaji. com/？chl = sem－xigua0714－pinpaici或者通过搜索关键词“西瓜助手”，进入西瓜助手的首页，如图4－43所示。

图4－43　西瓜助手首页

步骤2：点击右上角的“登录”，可以选择微信扫码或者账号登录到西瓜助手运营工作台，如图4－44所示。

图 4-44　登录西瓜助手

步骤 3：根据需要购买运营版本，目前西瓜助手提供的版本有基础版、高级版和专业版三个，每个版本的收费标准各不相同，用户根据自己的需要进行购买即可，如图 4-45所示。

版本功能对比：

版本	基础版	高级版	专业版
公众号运营	1个	10个	50个
公众号诊断	3次/天	10次/天	30次/天
素材内容	1个分类	所有分类	所有分类
违规检测	20次/天	不限次数	不限次数
定时群发	1个	10个	50个

［查看所有功能区别］

图 4-45　版本功能对比

步骤 4：绑定运营的微信公众号，按照教程，扫码授权，成功绑定微信公众号，如图 4-46 所示。

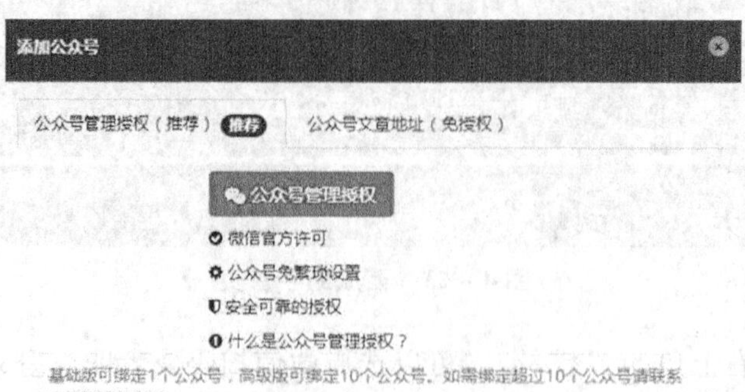

图 4-46　公众号管理授权

步骤5：点击左侧的“素材收集”—“全网优质素材”，根据评分排名，选择适合的素材，可通过素材后的“加入素材库”一键采集，如图4－47所示。

图4－47　寻找素材文章

步骤6：点击左侧导航栏中的“图文同步”下“我的素材库”，找到采集的文章，点击标题后的“加入图文生成器”，将文章添加到图文生成器中生成图文，用户对该图文编辑后，点击“保存”，将文章同步到微信公众号后台，如图4－48所示。

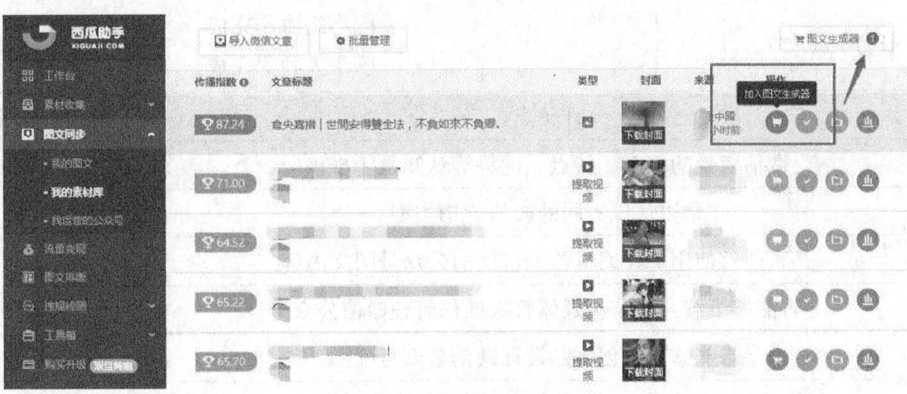

图4－48　加入图文生成器

步骤7：进入微信公众号后台，查看已经同步的图文，检查该图文的内容、格式等，检查无误之后，便可直接发布了。

步骤8：图文发布后，可以周为单位，对公众号的运营质量进行诊断，比如活跃粉丝预估、发文习惯分析、疑似违规文章检测等，都可以通过公众号诊断功能帮助运营者了解过去一周的数据，并生成数据报告，如图4－49所示。

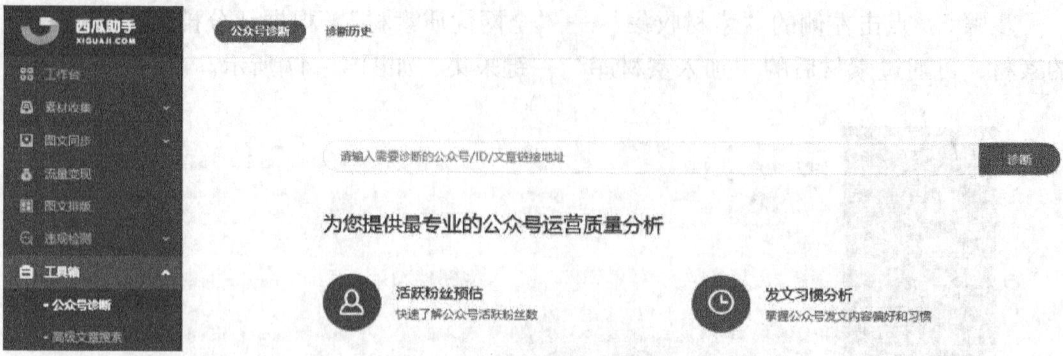

图 4－49　诊断公众号

以上便是微信营销中常见的工具，这些工具提供的更多功能还是在于微信公众号的运营，如图文编辑排版、封面图及正文配图的设计等。

任务总结

本任务主要讲解微信营销相关知识，致力于引导学生认识微信营销的概念、特点及优势，了解微信营销的类型，掌握微信营销常用工具。本任务学习内容注重实操讲解，学生主要以操作演练为主。

任务评价

<table>
<tr><th colspan="6">任务评价表</th></tr>
<tr><td colspan="2">任务完成方式</td><td colspan="4">□小组协作完成
□个人独立完成</td></tr>
<tr><td colspan="5">评价点</td><td>分值</td></tr>
<tr><td colspan="5">微信营销的概念、特点、优势等认知是否准确</td><td>10</td></tr>
<tr><td colspan="5">是否认识不同的微信营销类型</td><td>15</td></tr>
<tr><td colspan="5">是否能够使用 135 编辑器编辑微信公众号图文内容</td><td>25</td></tr>
<tr><td colspan="5">是否能够下载并安装新媒体管家插件管理微信公众号</td><td>15</td></tr>
<tr><td colspan="5">是否能够通过创客贴设计微信公众号配图</td><td>15</td></tr>
<tr><td colspan="5">是否能够使用西瓜助手运营微信公众号</td><td>20</td></tr>
<tr><td colspan="6">任务总成绩：</td></tr>
<tr><td>自我评价</td><td>（20%）</td><td>小组评价</td><td>（20%）</td><td>教师评价</td><td>（60%）</td></tr>
<tr><td colspan="6">存在的主要问题</td></tr>
<tr><td colspan="6"></td></tr>
</table>

延伸练习

背景：

请同学们选择任意一种广西特产，如罗汉果、螺蛳粉、麻油、百香果等，结合本节所学内容，通过微信营销的方式，使用微信营销常用工具，收集一些与广西特产相关的图文素材，并对这些图文素材进行整理，生成一篇自己的图文素材，并在微信公众号上成功发布。

步骤：

①收集广西特产相关的图文素材。

②筛选图文素材。

③利用135编辑器或者新媒体管家的编辑器，对图文素材进行编辑整理。

④设计微信公众号封面图和正文配图，并将其插入微信图文消息中。

⑤浏览检查新编辑的图文素材，并同步到微信公众号素材库。

⑥在微信公众号上成功发布图文消息。

任务三　今日头条

任务前导

今日头条，是典型的垂直社交平台，是当下企业新媒体营销的一个重要渠道。那么，今日头条有哪些特点？可以使用那些工具运营今日头条？接下来，本任务将一一进行讲解。

任务实施

一、了解今日头条营销

（一）今日头条营销的概念

今日头条是一款基于数据挖掘的推荐引擎产品，致力于根据用户的兴趣、位置等多维度进行信息的个性化推荐，如新闻、音乐、电影、游戏、购物等资讯。

今日头条App自2012年上市至今，已累计激活用户数超7亿，MAU[①]达2.63亿，月用户时长超20小时，[②]其活跃度仅次于微信，如图4-50所示。

除此之外，今日头条也在开放式社交方面有所拓展，比如微头条，用户自由发布内容，关注者在其发布的内容下方以点赞、评论、转发等形式进行互动。

---

① MAU：Monthly Active Users，是统计网站、App等月活跃用户数量（去除重复用户）的名词。

② 数据来源于Business Analysis的《今日头条深度分析报告》。

图 4-50　今日头条 App 首页截图

（二）今日头条营销的特点

今日头条营销与微博营销、微信营销相比，有其独特之处，主要体现在以下三个方面。

1. 精准算法

今日头条是基于用户行为大数据分析，利用个性化推荐引擎技术，主动向用户推荐信息的一款产品。今日头条引擎系统基于内容、用户特征、环境特征三个维度建立算法模型，如协同过滤模型、监督学习模型算法等，从相关性特征、环境特征、热度特征、协同特征等维度向用户推荐符合需求的信息，如图 4-51 所示。

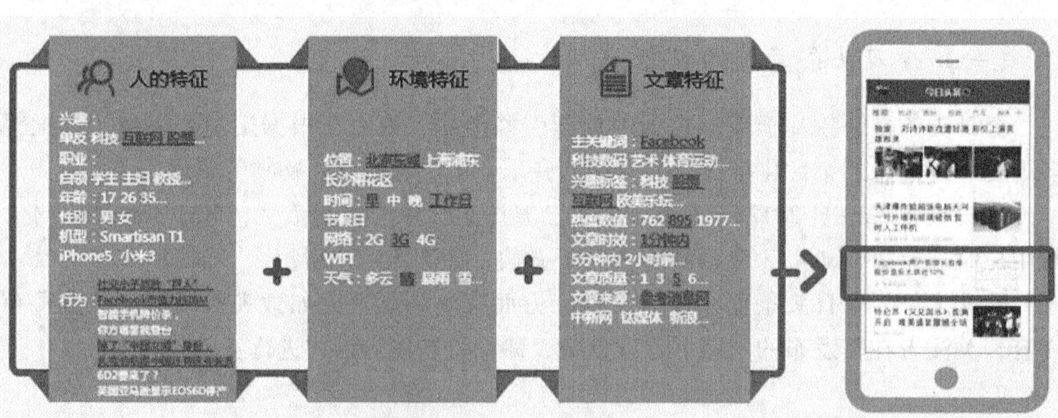

图 4-51　今日头条算法

2. 大流量曝光

今日头条的流量十分巨大，月活跃用户高达2.63亿，每天有超过30万今日头条创作者在头条号平台获得流量分成。① 今日头条还开通了广告模式，根据用户浏览标签，进行流量的筛选，提高广告的转化率，实现投放广告的目的。图4－52为今日头条广告运作模式。

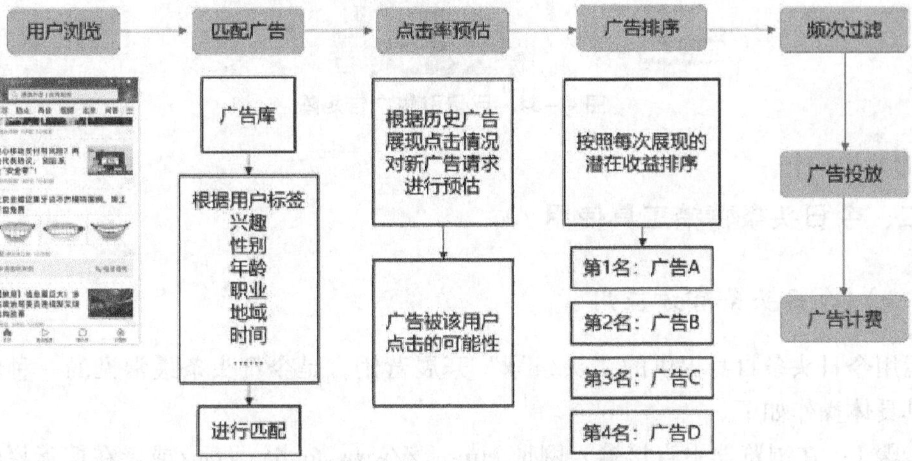

图4－52　今日头条广告运作模式

3. 完善的头条产品矩阵

今日头条产品矩阵完善，图文、视频、问答、广告等方面均有对应产品，如在图文类产品中，有微头条；视频方面整合了火山小视频、抖音短视频、西瓜视频等；问答方面开发了悟空问答产品；广告方面加入了巨量引擎，如图4－53、图4－54所示。

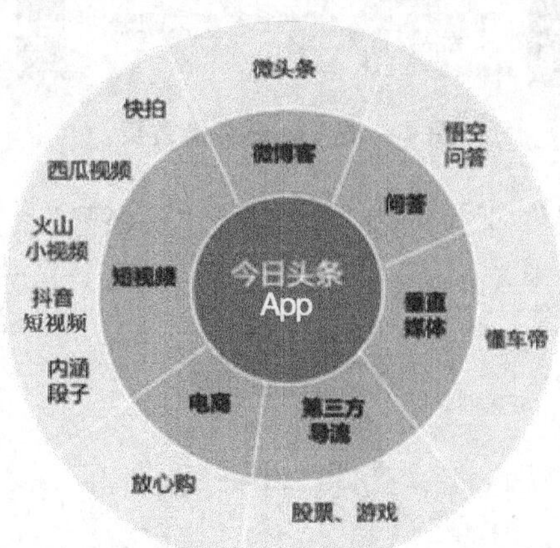

图4－53　今日头条产品矩阵

① 数据来源于Business Analysis的《今日头条深度分析报告》。

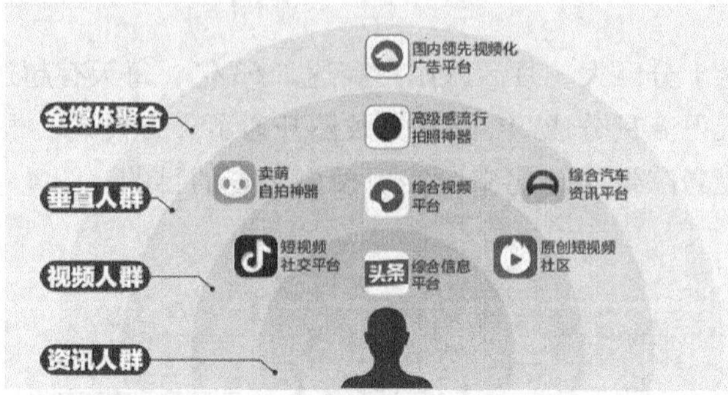

图 4－54　巨量引擎广告矩阵

二、今日头条营销工具使用

（一）今日头条官方应用

运用今日头条自身提供的“头条号”开展营销，是今日头条最常见的一种营销工具，其具体操作如下。

步骤 1：在浏览器中直接输入网址 https：//www. toutiao. com/或者在搜索栏输入关键词“今日头条”，进入今日头条官网首页，如图 4－55 所示。

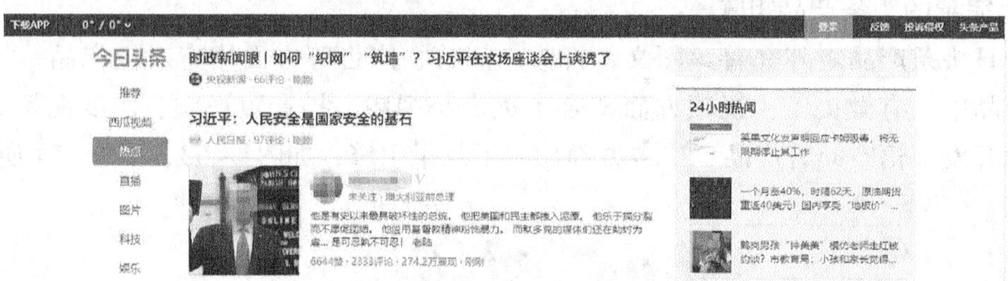

图 4－55　今日头条首页

步骤 2：在“头条产品”下拉列表中，选择“头条号”，进入头条号登录页面，如图 4－56、图 4－57 所示。

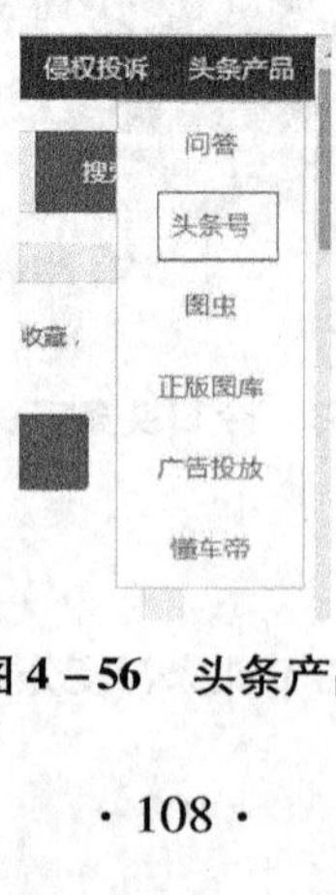

图 4－56　头条产品

图 4－57　头条号登录/注册页面

步骤 3：进入头条号工作台后，用户可自行选择营销方式，如微头条、图文消息、西瓜视频等，如图 4－58 所示。

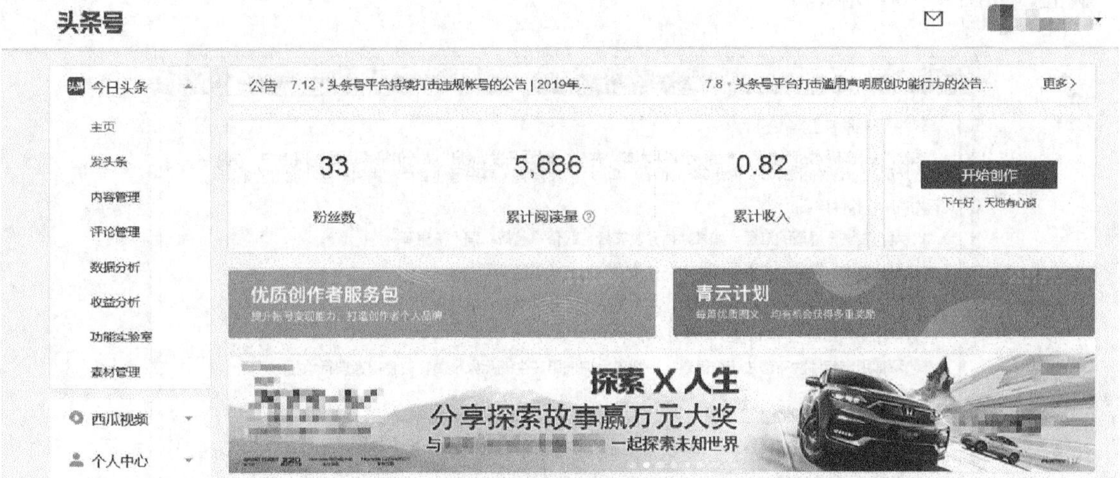

图 4－58　头条号运营中心

（二）头条推广小助手

头条推广小助手是一款便于今日头条用户实现快速营销的软件，用户可以在推广小助手上实现分类收集文章地址、免费添加文章地址进行评论或者指向评论、回复他人评论、批量发送内容等，极大地提高了运营效率，如图 4－59 所示。

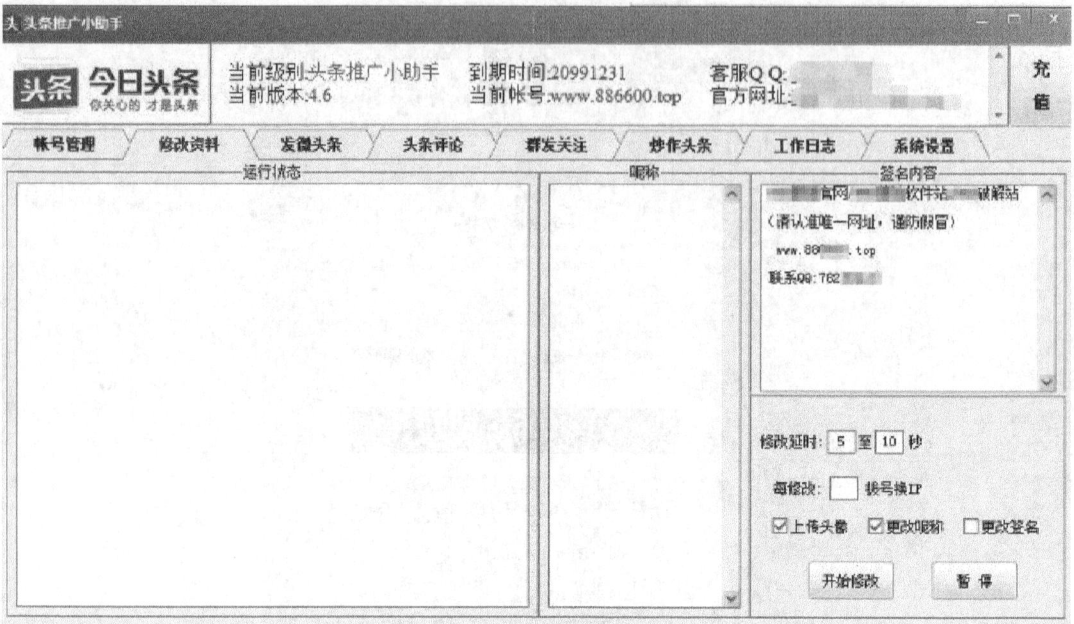

图 4－59　头条推广小助手

用户进入软件下载中心，如西西软件下载、当下软件园、下载之家等，搜索“头条推广小助手”，点击下载，当安装包下载完成后，点击应用程序，将该软件安装在电脑上，如图 4－60 所示。

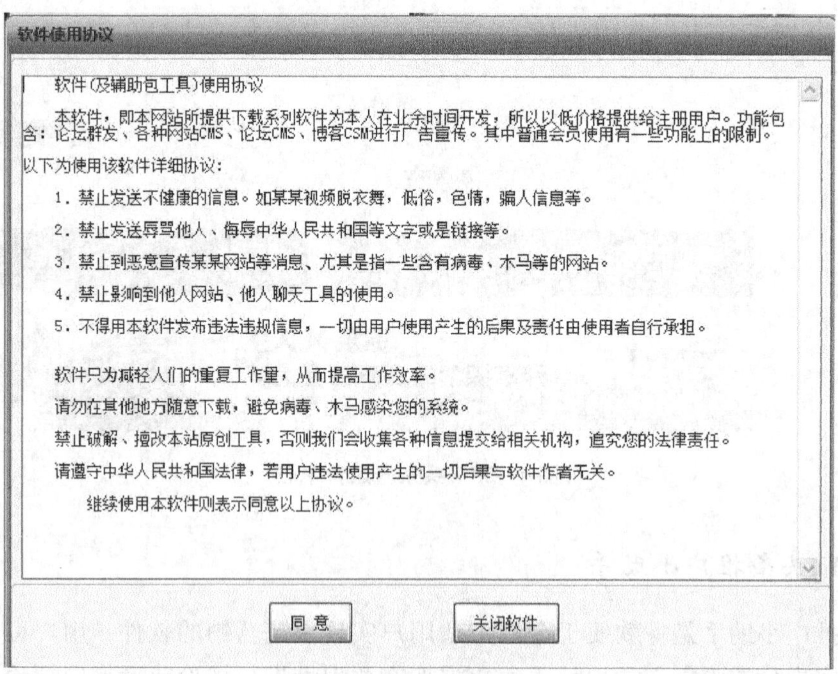

图 4－60　软件使用协议

完成安装后，弹出登录窗口，用户需要先注册账号，然后再登录使用，如图4－61所示。

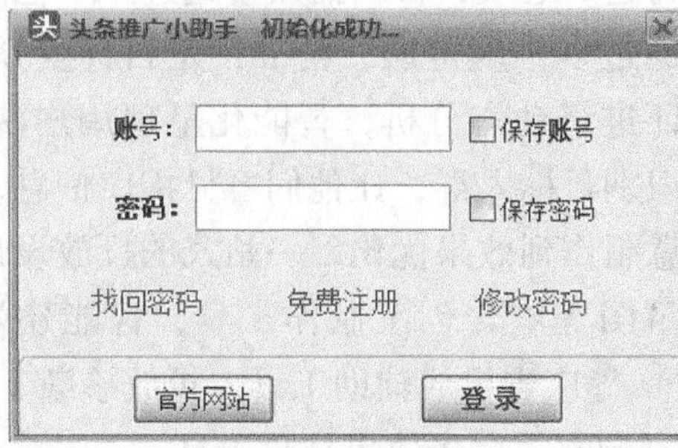

图4－61　登录窗口

登录后，就可以在头条推广小助手上设置营销内容了，用户可以通过该软件实现以下功能。

①可以记住登录过的Cookie，登录过的账号下次使用时，不需要再登录。

②可按频道分类采集文章地址，自由添加文章地址进行评论并点赞评论，也支持回复别人的评论。

③可宽带拨号换IP。

④可以批量添加发送内容，更方便，更快捷。

⑤有详细的操作记录，用户的每一个操作都会记录在数据库中，方便查询。

⑥支持评论、点赞、上传头像、更改昵称、关注、刷点击量、点赞指定评论、收藏等多功能组合。

（三）巨量引擎

巨量引擎是字节跳动旗下的营销服务品牌，将字节跳动的智能技术、数据流量、内容生态等优势应用于营销领域，整合了今日头条、抖音短视频、火山小视频、西瓜视频、懂车帝、Faceu激萌、轻颜、穿山甲等产品的营销能力，汇聚流量、数据和内容方面的合作伙伴，为品牌提供不同场景下的营销服务，如图4－62所示。

图4－62　巨量引擎首页

巨量引擎营销具有以下特点。

①海量流量，可多元覆盖用户生活场景，更加高效地利用用户碎片化的时间。如抖音短视频，月活跃用户高达5亿人，日均播放量超过200亿。

②基于大数据分析，通过多维度定向，精准锁定目标受众。巨量引擎立足于海量用户画像，对用户行为特征进行动态分析，智能化呈现用户状态及兴趣。积累丰富的定向体系，帮助企业准确识别目标人群，让他们看见推广信息，实现转化用户的目的。

③为用户提供了从创意制作到效果优化，一站式的投放设计工具。如易拍App、即合平台、创意中心、巨量星图等广告创意制作工具，智能建站、线索通、关键行为、云图DMP（数据管理平台）等广告投放辅助工具，投放诊断、投放实验室、飞鱼CRM（客户服务管理系统）、数据洞察等广告效果优化工具。

点击巨量引擎首页的“立即体验”，提交个人信息，预约官方营销顾问，与其进行合作洽谈，协商营销推广方案，最终达成营销合作意向，如图4－63所示。

图4－63　预约官方营销顾问

任务总结

本任务主要讲解了今日头条营销的相关内容，致力于引导学生认识今日头条的特点，掌握今日头条营销常见工具的使用方法。本任务学习内容注重实操讲解，学生应以实操演练为主。

任务评价

任务评价表		
任务完成方式	□小组协作完成 □个人独立完成	
评价点		分值
是否能够阐述出今日头条的概念及特点		30

续　表

<table>
<tr><td colspan="6">任务评价表</td></tr>
<tr><td colspan="5">是否认识今日头条矩阵中的产品</td><td>10</td></tr>
<tr><td colspan="5">是否能够在今日头官方应用上成功发布营销内容</td><td>30</td></tr>
<tr><td colspan="5">是否能够使用头条推广小助手完成今日头条的营销推广</td><td>20</td></tr>
<tr><td colspan="5">是否了解巨量引擎营销</td><td>10</td></tr>
<tr><td colspan="6">任务总成绩：</td></tr>
<tr><td>自我
评价</td><td>（20%）</td><td>小组
评价</td><td>（20%）</td><td>教师
评价</td><td>（60%）</td></tr>
<tr><td colspan="6">存在的主要问题</td></tr>
<tr><td colspan="6"></td></tr>
</table>

延伸练习

背景：

学生以任务二中选择的广西特产为主，在今日头条上策划一场不同于微信、微博宣传点的系列营销，可以是文章，也可以是视频，学生可选择自己擅长的内容，利用本任务所学习的今日头条营销工具的知识，开展一系列的营销活动。

步骤：

①注册并认证头条号。

②利用头条号的官方应用，发布一篇营销为主要目的的软文。

③下载并安装头条推广小助手。

④注册头条推广小助手的账号、密码。

⑤进入头条推广小助手，发布一条微头条，并与头条号上关注的粉丝进行互动留言。

项目五　软文营销

任务一　软文营销概述

任务前导

随着互联网的普及，新媒体应运而生，各种创新性的营销推广手段层出不穷，但在这个变革过程中，软文并没有因为其出现年代的久远而被忽略，而是作为网络营销过程中至关重要的一环穿插其中。需要明确的是，软文的本质是一种软性广告，重视内容的创作，其营销目的在于推广品牌及产品，激发消费者的购买欲望。

任务实施

软文营销的概述，需要分别从以下三个部分展开学习：软文营销的概念、软文营销的特点及软文营销的基本类型。

一、软文营销的概念

软文是相对于“硬性广告”而言的，指企业刊登或发表在报纸、杂志、企业官网、网络新媒体等宣传载体上的可以提升企业品牌形象和知名度，或者可以促进企业产品销售的一些宣传性、阐释性文章，包括特定的新闻报道、深度文章、付费短文广告等。

软文营销的精妙之处在于“软”，让用户没有被强制接受广告的感觉，其将文章内容与广告完美结合，以强有力的针对性心理让用户感同身受，从而达到广告宣传效果。

软文营销是一种拥有强生命力和技巧性的广告形式。例如，奥美广告公司早年为天下文化出版公司25周年活动创作的软文“我害怕阅读的人”，如图5－1所示，被广泛传播并交口称赞。

该软文旨在传播天下文化出版社“读一流书，做一流人”的期许，软文貌似在谈“害怕”，实际上是在表达敬佩之情，想要鼓励更多人成为热爱阅读的人，传达了出版社的社会责任感。

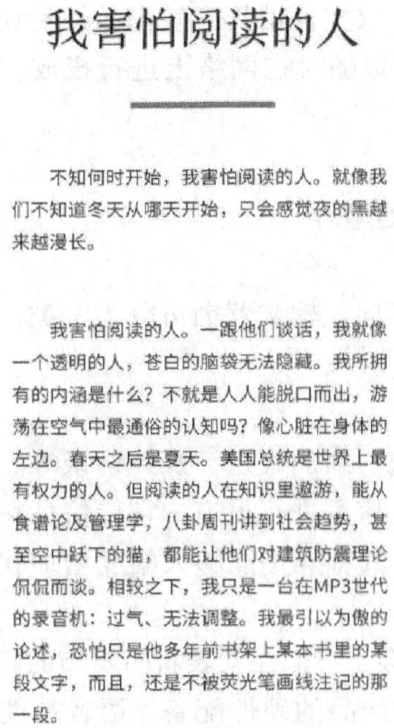

我害怕阅读的人

不知何时开始，我害怕阅读的人。就像我们不知道冬天从哪天开始，只会感觉夜的黑越来越漫长。

我害怕阅读的人。一跟他们谈话，我就像一个透明的人，苍白的脑袋无法隐藏。我所拥有的内涵是什么？不就是人人能脱口而出，游荡在空气中最通俗的认知吗？像心脏在身体的左边。春天之后是夏天。美国总统是世界上最有权力的人。但阅读的人在知识里遨游，能从食谱论及管理学，八卦周刊讲到社会趋势，甚至空中跃下的猫，都能让他们对建筑防震理论侃侃而谈。相较之下，我只是一台在MP3世代的录音机：过气、无法调整。我最引以为傲的论述，恐怕只是他多年前书架上某本书里的某段文字，而且，还是不被荧光笔画线注记的那一段。

图 5－1　软文示例

二、软文营销的特点

软文营销的本质是广告传播，追求低成本和高效回报，其特点分别体现在以下四个方面。

1. 内容丰富，形式多样

软文是一篇完整的宣传性文章，相对于简短的广告语，软文文字资料丰富，可传递信息完整，不拘泥于文体，表现形式多样。论坛发帖、网络新闻、娱乐专栏、人物专访等，都能够捕捉到软文营销的影子，几乎遍布互联网的角角落落，也有助于企业通过互联网挖掘其潜在消费者。

2. 隐蔽传播，潜移默化

软文不同于硬性广告直接宣传产品或者品牌活动，而是将要宣传的信息嵌入文章，从侧面进行描述，属于渗透性传播，让用户在潜移默化中接收软文想要传达的信息。

3. 吸引力强，接受度高

软文的宗旨是制造信任，一般由专业的软文写作人员在分析目标用户消费心理、生活偏好等基础上进行创作，投用户所好，用极具吸引力或幽默搞怪的标题及文字吸引用户，弱化或规避传统广告带来的强制性和灌输性，引导用户接收广告信息。

4. 成本较低，性价比高

传统的“硬广告”受到版面及时间限制，传播信息有限，需要重复投放，投入风险大，成本也较高。相比较，软文营销具有较高的性价比，其包含信息量大，而且投放不受时间、地域等限制，可以随时在网络上进行投放，且永久存在，方便进行二次传播。

三、软文营销的基本类型

根据传播渠道和受众的不同，软文营销可分为三类，分别是新闻型软文、行业型软文、用户型软文。

1. 新闻型软文

新闻型软文包括新闻通稿、新闻报道、媒体访谈等。此类软文以媒体的口吻、新闻的手法对企业或产品的相关信息进行报道，宣传信息夹杂在正常的新闻中间，并会发布到相关媒体的新闻栏目，其特点是能够大幅度增加软文的真实性、权威性和不可辩驳性。

例如，百度 AI 新品发布会，看似在发表新品发布的新闻，其实在文章中分别对小度电视伴侣、小度在家这两款产品的硬件配备、语音技能、内容资源、价格优势等进行了详细阐述，将营销信息渗透其间，如图 5－2 所示。

百度发布AI新品：小度电视伴侣和小度在家1S

2019年02月28日 16:58

2月28日，在小度新品战略发布会现场，百度以震撼价格连发两款人工智能硬件新品——小度电视伴侣和小度在家1S。作为AI领域的新物种，小度电视伴侣定位于"人工智能时代的家庭影院"，凭借出众的音质与视频播放能力，全语音远场交互能力以及全面接入的小度人工智能助手，让你彻底摆脱遥控器；而小度在家系列智能视频音箱再推新品——小度在家1S，它拥有全新外观设计与硬件配置，升级了颇受好评的儿童模式，并在内容资源上获得进一步扩展。

图 5－2　新闻型软文

2. 行业型软文

行业型软文包括权威论证、观点交流、人物访谈、实录等。这类软文面向行业内人群，可以进行经验分享，也可以进行观点交流，其目的通常是扩大行业影响力，奠定行业品牌地位。大多数情况下，一家企业的行业地位将直接影响到其核心竞争力，甚至会影响到最终用户的选择。如图 5－3 所示为可穿戴设备的软文，就可穿戴设备对于人身安全问题的解决技术展开分析，扩大了某品牌的行业影响力。

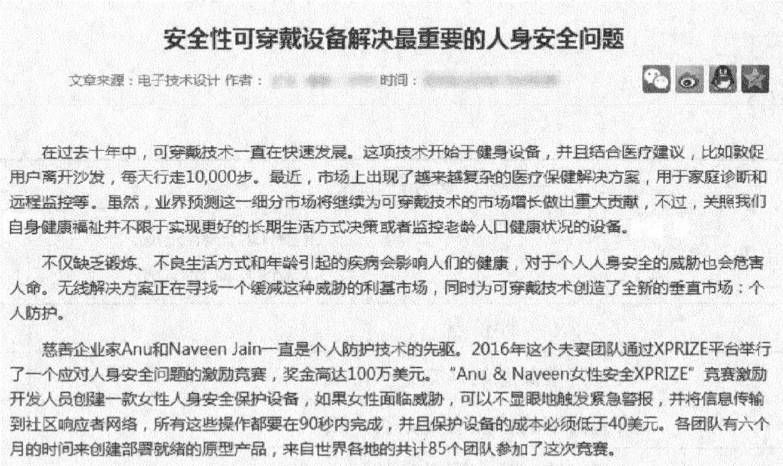

安全性可穿戴设备解决最重要的人身安全问题

文章来源：电子技术设计 作者：　时间：

在过去十年中，可穿戴技术一直在快速发展。这项技术开始于健身设备，并且结合医疗建议，比如敦促用户离开沙发，每天行走10,000步。最近，市场上出现了越来越复杂的医疗保健解决方案，用于家庭诊断和远程监控等。虽然，业界预测这一细分市场将继续为可穿戴技术的市场增长做出重大贡献，不过，关照我们自身健康福祉并不限于实现更好的长期生活方式决策或者监控老龄人口健康状况的设备。

不仅缺乏锻炼、不良生活方式和年龄引起的疾病会影响人们的健康，对于个人人身安全的威胁也会危害人命。无线解决方案正在寻找一个缓减这种威胁的利基市场，同时为可穿戴技术创造了全新的垂直市场：个人防护。

慈善企业家Anu和Naveen Jain一直是个人防护技术的先驱。2016年这个夫妻团队通过XPRIZE平台举行了一个应对人身安全问题的激励竞赛，奖金高达100万美元。"Anu & Naveen女性安全XPRIZE"竞赛激励开发人员创建一款女性人身安全保护设备，如果女性面临威胁，可以不显眼地触发紧急警报，并将信息传输到社区响应者网络，所有这些操作都要在90秒内完成，并且保护设备的成本必须低于40美元。各团队有六个月的时间来创建部署就绪的原型产品，来自世界各地的共计85个团队参加了这次竞赛。

图 5－3　行业型软文

3. 用户型软文

用户型软文包括综合型、促销型、争议型、经验型、知识型、故事型、恐吓型、悬念型、娱乐型、总结归纳型、爆料型、情感型。这类软文以一般用户或者第三方的角度，传播品牌或产品，能够悄无声息地对用户产生影响。如图 5－4 所示，从用户的角度阐述四驱车的优势和劣势，并将品牌信息巧妙植入。

图 5－4　用户型软文

任务总结

本任务主要讲解了软文营销的概念，软文营销的特点和基本类型，致力于让学生认知和了解软文营销的相关知识。本任务学习内容偏重理论，学生主要以认知和理解为主。

任务评价

<table>
<tr><th colspan="6">任务评价表</th></tr>
<tr><td colspan="2">任务完成方式</td><td colspan="4">□小组协作完成
□个人独立完成</td></tr>
<tr><td colspan="5">评价点</td><td>分值</td></tr>
<tr><td colspan="5">软文营销概念的认知是否准确</td><td>30</td></tr>
<tr><td colspan="5">软文营销的特点表述是否全面</td><td>30</td></tr>
<tr><td colspan="5">是否能够区分不同类型的软文</td><td>40</td></tr>
<tr><td colspan="6">任务总成绩：</td></tr>
<tr><td>自我
评价</td><td>（20%）</td><td>小组
评价</td><td>（20%）</td><td>教师
评价</td><td>（60%）</td></tr>
<tr><td colspan="6">存在的主要问题</td></tr>
<tr><td colspan="6"></td></tr>
</table>

任务二　软文创作与发布

任务前导

软文营销是一种很有技巧性的广告形式，可用于产品效果宣传、企业形象塑造以及新品推广，无论是传统企业，还是重视流量引入的互联网电子商务公司，软文的优势一直都在。在进行软文创作与发布时，如何有效地借鉴软文写作和排版工具，更好地达成营销目标呢？接下来，我们将以一家经营广西特产——崇善桂林米粉的网店为例，讲解如何完成软文创作与发布。

任务实施

一、软文写作工具

在进行软文写作前，需要明确营销受众、营销目标、营销主题以及软文发布的营销平台，并根据以上内容，完成软文的写作。

无论是前期进行营销受众分析还是写作，均可借用相应的工具，如百度指数、XMind 思维导图工具、笔神写作工具。其中，百度指数是以百度海量网民行为数据为基础的数据分享平台，百度指数的主要功能模块有基于单个词的趋势研究（包含整体趋势、PC 趋势还有移动趋势）、需求图谱、舆情管家、人群画像等。XMind 思维导图结构包含一个中心主题，各主要分支从中心主题向外辐射开来。除了基本的思维导图结构外，XMind 还提供组织结构图、树状图、逻辑图等，这些结构帮助用户在不同的使用场景中发挥了重要作用，如图 5－5 所示。“笔神”则是一款人工智能辅助写作软件，可以基于所写的内容提供丰富的素材库，此外，还可以建立自己的写作素材库，在写作的过程中实时调用，如图 5－6 所示。

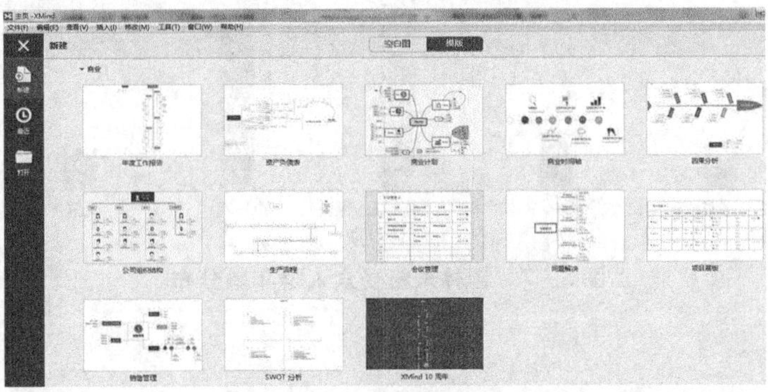

图 5－5　XMind 思维导图

图 5－6　“笔神”小助手应用

（一）软文写作前的准备工作

步骤 1：营销受众分析。营销受众，指的是产品的目标用户，我们可使用百度指数进行受众分析。注册并登录百度指数，在输入框中输入自己想要查询的关键词“桂林米粉”。

通过百度指数进行人群画像可知，桂林米粉在网络上搜索指数较高的地区为广东、广西、浙江，该地域人群喜食米制品，软文投放可重点关注南方区域；主要受众人群集中在30～39岁、40～49岁这两个年龄段，如图5－7所示，该年龄段人群注重生活饮食健康，可将营销场景设置在家庭厨房；其中男女比例较为平均，说明桂林米粉男女皆宜，如图5－8所示。目标人群兴趣分布中“餐饮美食”占比最高，如图5－9所示。

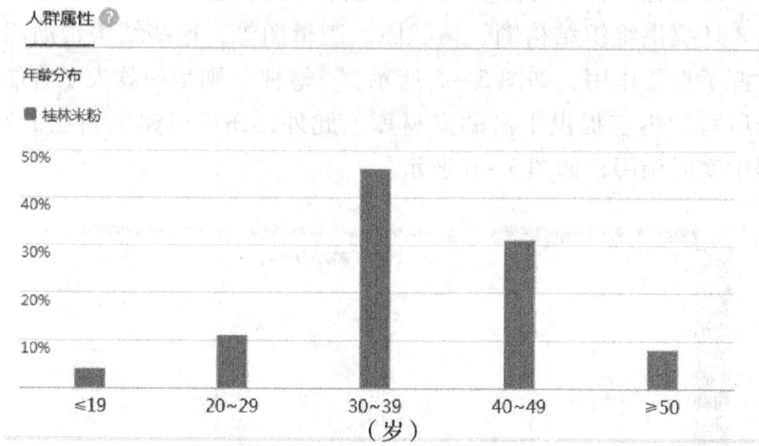

图5－7　桂林米粉受众人群年龄分布

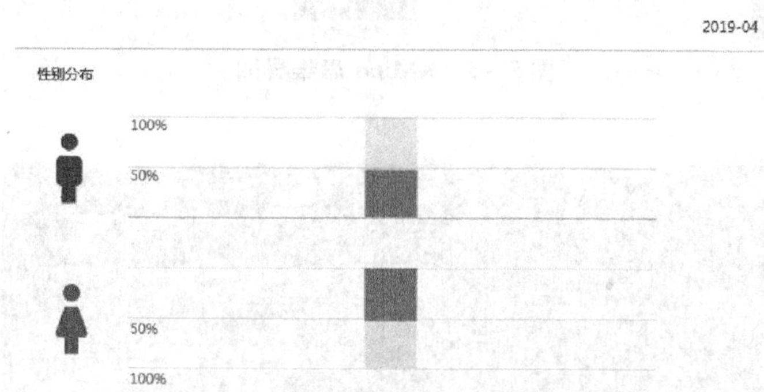

图5－8　桂林米粉受众人群性别分布

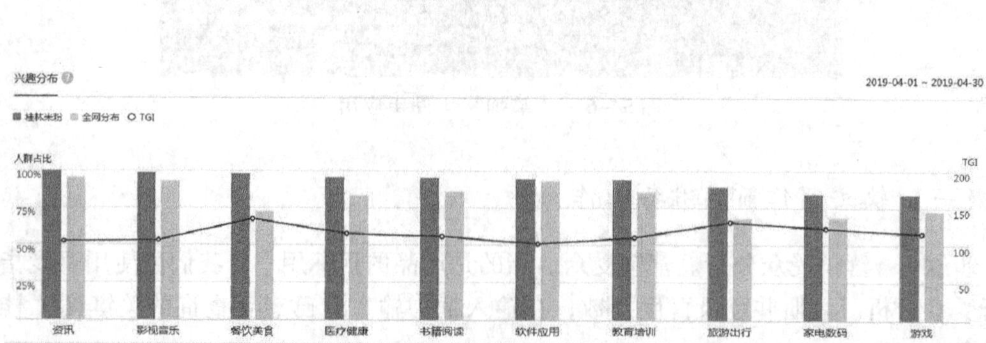

图5－9　桂林米粉受众人群兴趣分布

步骤2：营销目标确定。崇善桂林米粉在网店中销量一直较为可观，但近期销量明显下滑，计划通过软文展开营销，在提升产品销量的同时，进一步宣传品牌，图5－10为网店中的桂林米粉。

图5－10　网店中的桂林米粉

步骤3：营销主题确定。本次适合策划用户型软文，这类软文的首要元素是“生活化场景”，即第三者从产品的使用情境出发去构想内容。从使用情境出发，容易让用户产生兴趣并且感同身受。

步骤4：营销平台确定。营销平台大体可以分成内部平台和外部平台，内部平台主要包括企业网站、宣传册等，而外部平台则包括门户网站、论坛、行业网站、微博、微信等。

不同类型的软文发挥着不同的作用，不同的营销平台也扮演着不同的角色。在软文营销中，内部平台更多扮演的是塑造企业品牌形象的角色，而外部平台扮演的则是提升企业或产品影响力的角色。针对不同的平台，在内容选择、时间控制、发布频率方面都要进行系统规划。

由于此次营销目标是提升产品销量，所以选择用户数量比较多的微信公众号作为营销平台，确保软文达到一个比较好的传播效果。

（二）软文写作

确定上述各项内容后，就要着手软文的写作。软文的写作可以借鉴相应的工具，如XMind思维导图工具、笔神写作工具等，下面我们将就软文写作工具的运用展开讲解。

步骤1：标题写作。软文的标题是点睛之笔，标题是否有吸引力，决定了软文是否能够第一时间激发起用户阅读的兴趣。

常用的软文标题有以下几种，可参考学习。

数字式标题。数字式标题指在标题中出现一定的数据，利用数字对人们视觉的冲击，让读者对一个事物的理解更加简单、直观，激发读者的阅读兴趣。

悬念式标题。悬念式标题指将软文中最能引起读者注意的内容，在标题中先做铺垫，在读者心中设下疑问，引发其思考的同时引导其阅读。

警告式标题。警告式标题指有力量且严肃的标题，即用标题给人以警醒作用。该类型标题在创作时，可以警告事物的特征、功能或作用。

提问式标题。提问式标题指采用提问的方式创作的标题。这类标题能够引起读者共鸣，使其产生亲切感的同时引发对读者的好奇。

借势式标题。借势式标题在标题中加入当下热议的话题或能够引起读者广泛关注的名人，借助话题热度或名人号召力增加软文点击率。

建议式标题。建议式标题指在软文标题中向读者传递某种方法或建议，这种标题能够让读者瞬间明确软文的主体内容。该类型标题在编写时，可以根据营销需求和软文内容概括出核心建议作为标题。

在不同类型的软文编写中，可根据营销需求分别参考使用上述标题。本次软文旨在营造生活化场景，从使用情境出发，在激发用户探究兴趣的同时宣传网店产品，计划打造数字化标题。

需要注意的是，微信公众号平台对标题数字有限制，最多为 64 个字符，如图 5－11所示。

图 5－11　微信公众号标题

综上，此次软文的标题设置为“吃了 1000 碗桂林米粉，原来正宗的桂林米粉是这般模样”，通过略显夸张的数字让读者产生视觉冲击，并通过标题后半段的补充，激发读者阅读探究的兴趣。

步骤 2：正文写作。结合编写的软文标题，进一步细化软文正文内容。正文因性质与营销目标的不同，形成诸多差异性的写作技巧。总的来看，无论哪种文体，在写作时，都可以遵循以下共性技巧。

选准切入点。写软文首先要选准切入点，即如何把需要宣传的产品、服务或品牌等信息完美地嵌入文章内容，好的切入点能让整篇软文看起来浑然一体。

设计文章结构。设计文章结构，即各部分内容如何安排，把握整体方向，控制文章走势，确保营销内容的合理植入。

选择适合的语言风格。在编写正文时，要根据企业所处的行业，以及企业或产品对应的营销受众选择合适的软文语言风格。合适的语言风格能够给读者带来优质的阅读体验。

直白说出福利。软文创作的目标，是推送企业产品或品牌信息，所有软文的相关活动，都要围绕这一目的展开，软文中涉及产品福利推送的部分也是如此。因此，当一篇软文中有福利推送时，需要在正文中将福利信息清晰地传达给读者。

在正文中传达福利时，要交代清楚福利是什么，什么时候开始或结束，提供福利能够为读者带来什么意义或影响等，只有直白呈现以上内容，才能让读者在阅读时有动力，并达到最终营销目标。

①结合上述技巧，梳理正文编写大纲，这里可以用到 XMind 思维导图工具，具体使用流程如下。

a. 下载并安装最新版的 XMind 思维导图工具，如图 5－12 所示。

图 5－12　XMind 思维导图工具

b. 打开 XMind，选择新建，选择相应的思维导图模板，如图 5－13 所示。

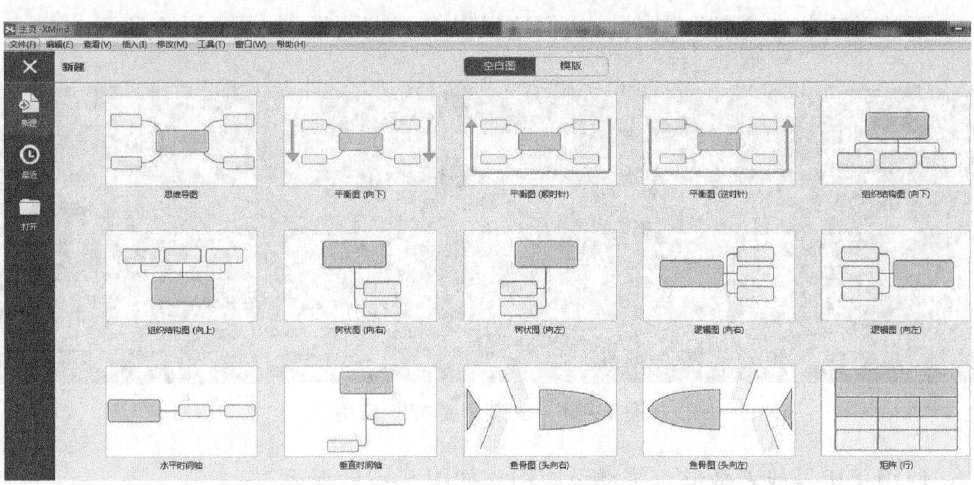

图 5－13　思维导图模板

c. 这里我们选择向右的逻辑图，根据梳理的软文大纲，点击“插入”，依次新建父主题和子主题，如图 5－14 所示。

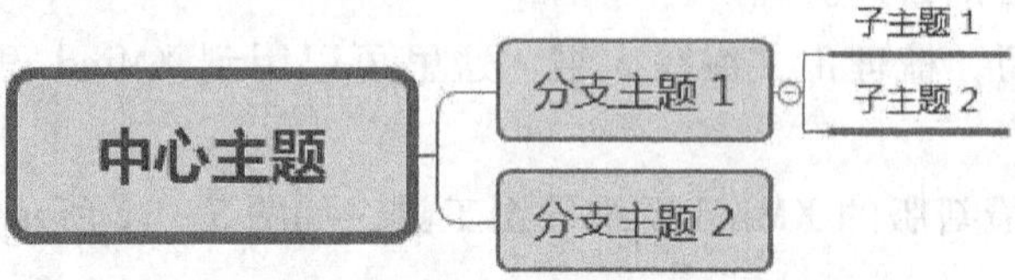

图 5－14 新建父主题和子主题

d. 双击主题，即可输入相应的内容，如图 5－15 所示。通过罗列思维导图，可以概括软文的主要内容，避免写作过程中遗漏关键信息。此外，如果想要调整软文写作思路也可在思维导图中及时更改。

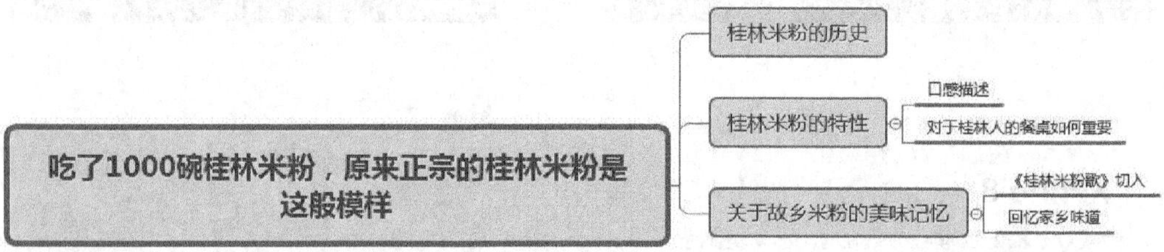

图 5－15 添加思维导图内容

②软文的写作大纲梳理清楚后，接下来就要着手正文的写作。软文的内容编辑不同于普通的文章写作，软文内容需要具有趣味性，以此有效吸引目标人群。在这个过程中，可以借助“笔神”软件，具体应用如下。

a. 下载并安装“笔神”软件，我们这里以 PC 端为例，如图 5－16 所示。

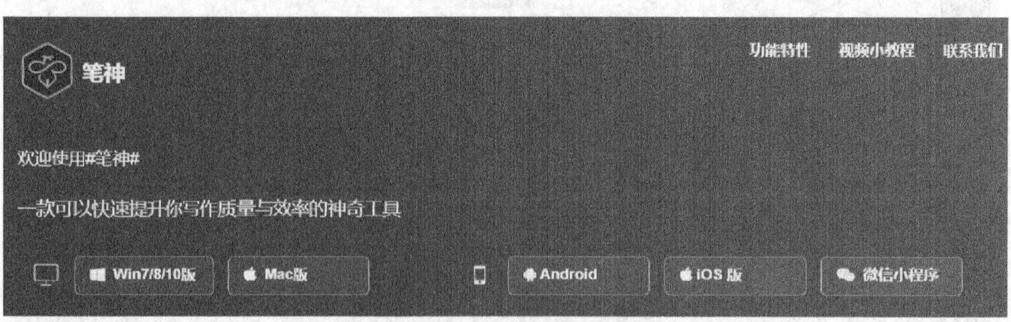

图 5－16 安装“笔神”应用

b. 使用手机号或者微信直接登录应用，如图 5－17 所示。

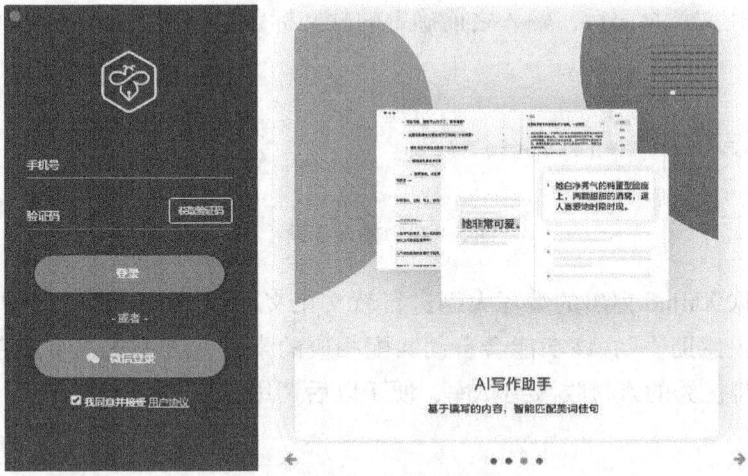

图 5－17　注册并登录应用

c. 进入页面后，点击私有素材库，可以添加优秀的写作素材，在后期撰写内容时进行匹配推荐，如图 5－18 所示。

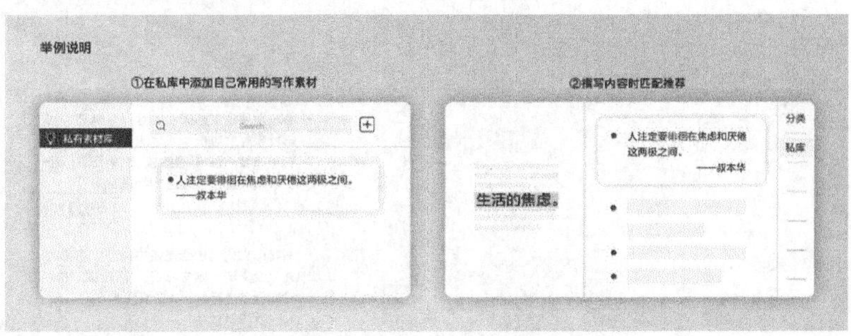

图 5－18　添加素材

d. 如果暂时不想添加素材库，可以直接点击“创建文章”，如图 5－19 所示。

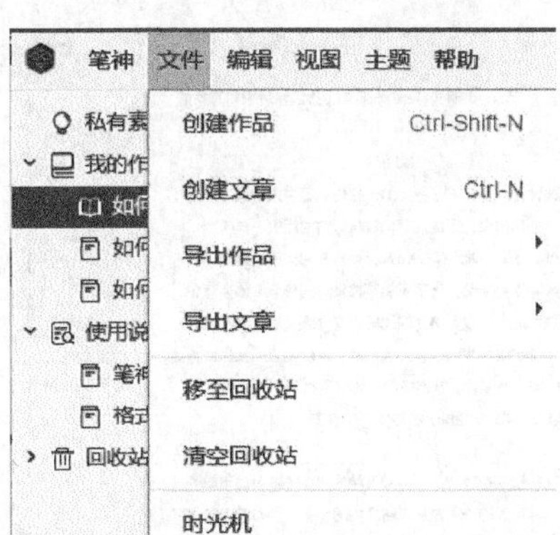

图 5－19　创建文章

e. 进入创建文章页面后，输入之前确定的软文标题，如图 5－20 所示。

图 5－20　输入标题

f. 随后根据 XMind 列出的编写大纲进行软文正文的编写，编写过程中，可以点击右边的“笔神灵感助手”，该功能会自动匹配相应的素材，可根据素材完善软文内容，此外，还可以将优秀的素材收藏到私库，便于以后调用，如图 5－21 所示。

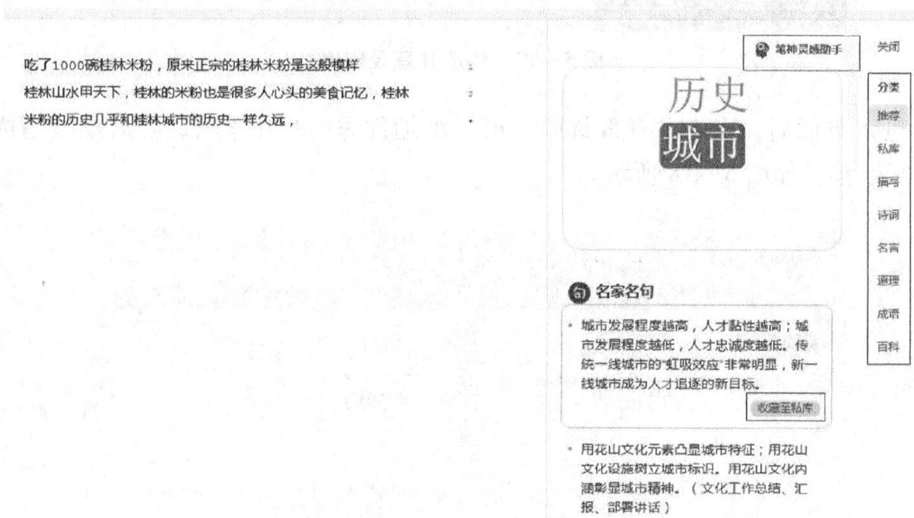

图 5－21　笔神灵感助手

g. 内容编辑完成后，点击“一键排版”，并设定一级标题，如图 5－22 所示。

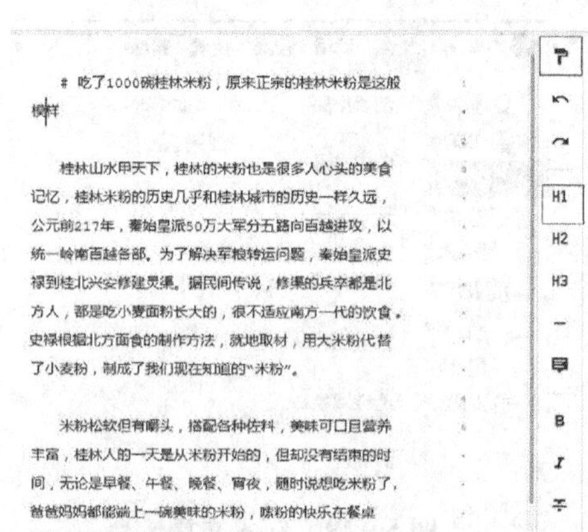

图 5－22　一键排版

h. 编辑完成后，点击“导出文章”，可以选择导出文章的格式，我们选择导出Word，如图 5－23 所示。

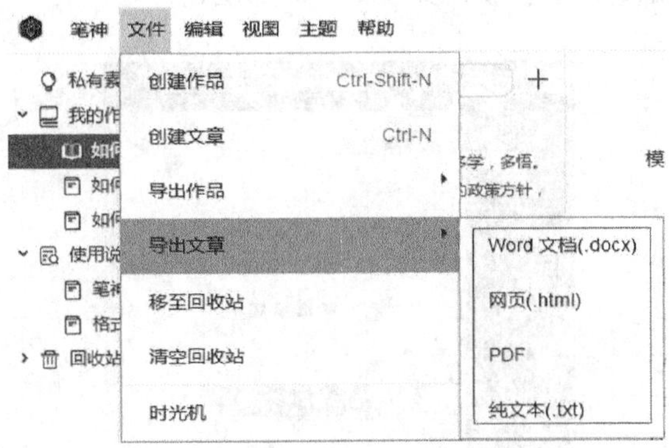

图 5－23　导出文章

二、软文排版工具

软文编写完成后，需要借助专业的排版工具对软文进行美化，通过丰富的图文展现形式吸引用户的关注。这里我们选用新榜编辑器，该编辑器提供丰富的样式和模板，并且提供图片在线搜索，编辑的内容可一键同步多平台。具体操作步骤如下。

步骤 1：百度搜索“新榜编辑器”，进入官网，新用户需进行注册，已有账号可直接登录，进入首页，从左至右分别是导航栏、样式展示区、编辑界面、拓展功能区及文章整体信息展示区，如图 5－24 所示。

图 5－24　新榜编辑器功能界面

步骤2：接下来依次编辑图文信息，首先是标题，点击左侧导航栏中的标题，有多种风格的标题样式可选择，如图5－25所示。选择与软文风格相适应的标题风格，随后输入软文标题，并编辑字体字号，如图5－26所示。

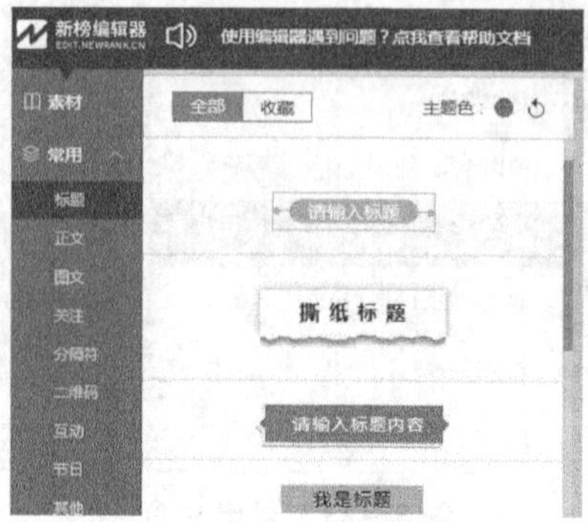

图5－25　标题样式

图5－26　编辑标题

步骤3：编辑正文内容，点击左侧导航栏中的正文，从众多样式中选出与软文风格相适应的，随后输入并编辑正文内容，如图5－27所示。

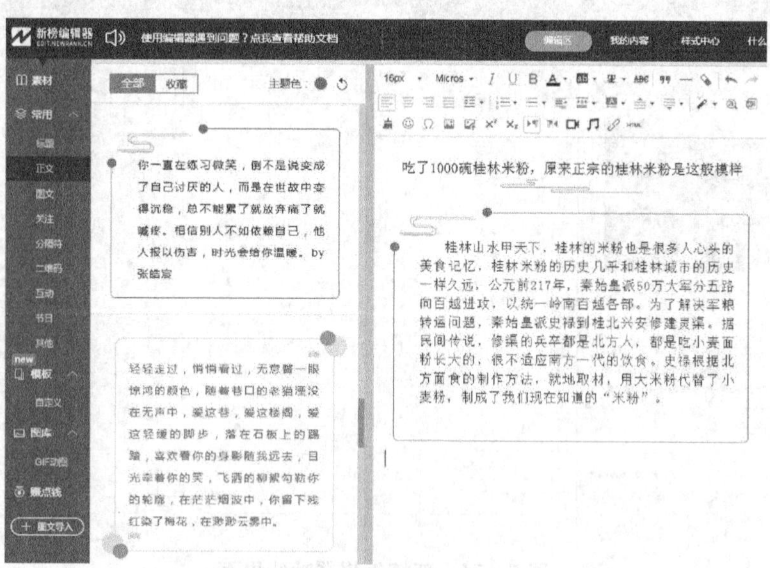

图5－27　编辑正文

步骤4：想要让软文内容图文并茂，可插入图片，点击左侧导航栏的图文，即可插入图片样式。需要注意的是，新榜编辑器不仅可以上传本地图片，还可以在线搜索网络图片，十分便捷，如图5－28所示。在搜索结果中选择与软文内容相匹配的图片，点击确定即可添加到网络图库中，随后在图库中单击即可将图片添加到正文中，如图5－29所示。

图5－28　搜索网络图片

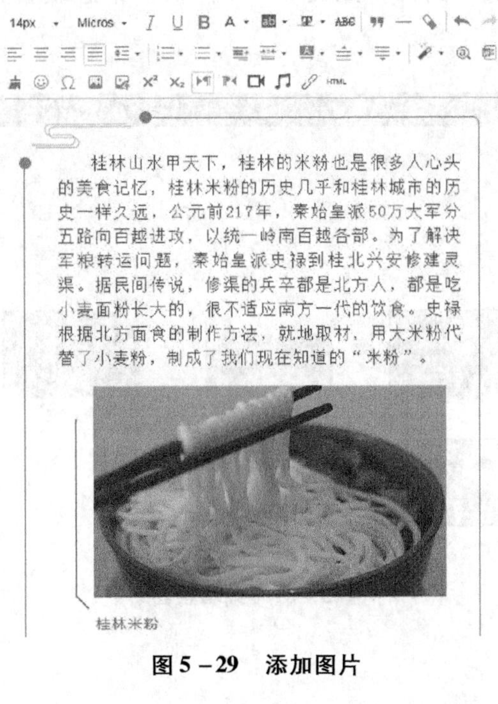

图5－29　添加图片

步骤5：按照上述的步骤依次完成正文的排版编辑，此外，为了丰富版面内容，还可以添加关注、分隔符、二维码等内容，如图5－30所示。

图5－30　添加二维码

步骤6：正文编辑完成后，在最右侧编辑文章整体信息，可直接从图库中上传文章封面，也可以自行设计文章封面，如图5－31所示。信息编辑完成后，点击“保存文章”，如图5－32所示。

图5－31　编辑封面

图 5－32　保存文章

步骤 7：点击文章右下角的“一键同步到平台”，即可将文章发表在微信、今日头条等平台，但需要完成授权，如图 5－33 所示。我们以微信公众号为例，授权完成后，点击平台即可同步图文信息，如图 5－34 所示。

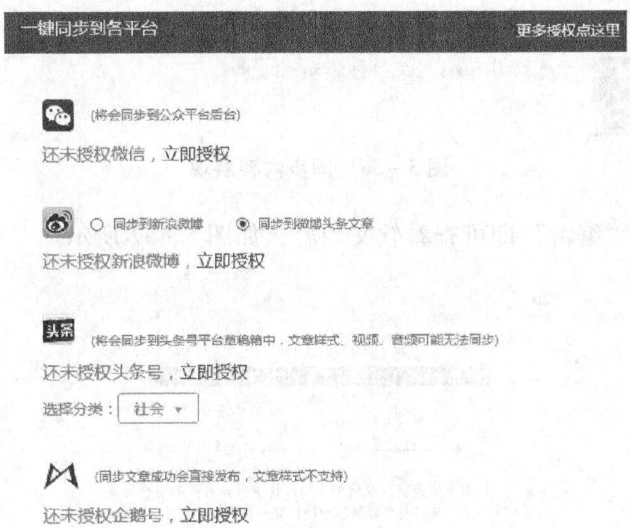

图 5－33　平台授权

图 5－34　同步图文信息

三、软文发布平台

软文同步到微信公众号平台后，需要进行编辑并完成发送，具体步骤如下。

步骤1：在百度中搜索“微信公众平台”，进入官网，登录微信公众账号，如图5－35所示。

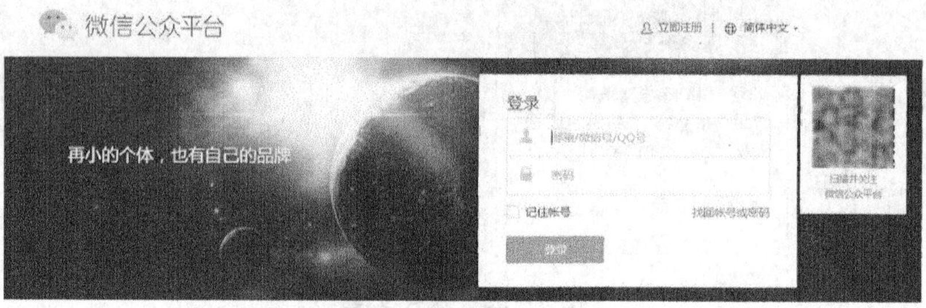

图5－35 微信公众平台官网

步骤2：进入“微信公众平台”首页，下拉页面即可看到新榜编辑器同步的软文内容，如图5－36所示。

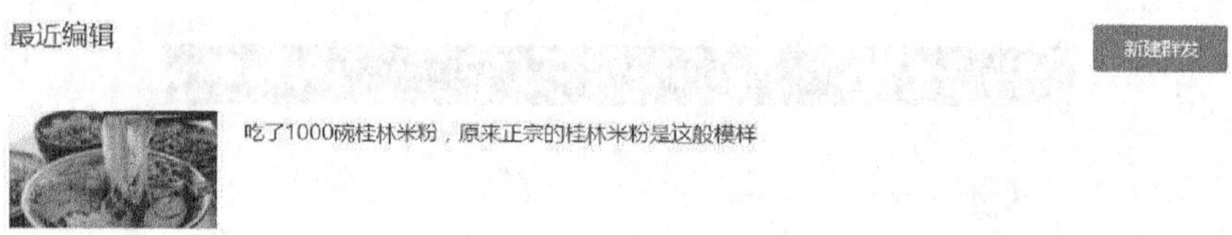

图5－36 同步内容展现

步骤3：点击“编辑”即可查看软文内容，如图5－37所示。

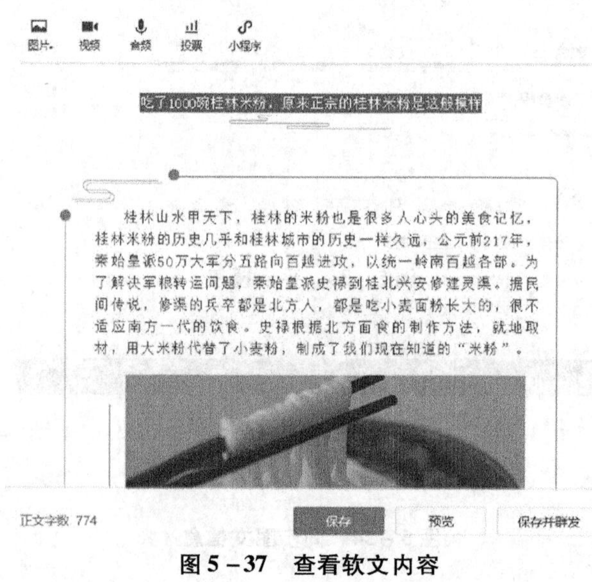

图5－37 查看软文内容

步骤4：确认无误后点击“保存并群发”按钮，选择“群发对象”“性别”“群发地区”，随后点击“群发”即可完成软文发布，如图5－38所示。

图5－38　群发设置页面

任务总结

本任务主要讲解了软文创作与发布的相关知识，包括软文发布前的准备工作、软文标题及正文撰写等内容，此外，重点要求学生掌握数据分析工具、软文写作工具、软文排版工具的应用。在学习过程中，学生要认真阅读教材，掌握软文编写的技巧以及工具的使用方法。

任务评价

任务评价表	
任务完成方式	□小组协作完成 □个人独立完成
评价点	分值
营销受众分析是否清晰	10
软文标题及正文编写是否恰当	20
是否熟练应用 XMind、笔神等软文写作工具	30
是否熟练应用新榜编辑器	30

续 表

任务评价表					
是否完成软文的发布					10
任务总成绩：					
自我评价	（20%）	小组评价	（20%）	教师评价	（60%）
存在的主要问题					

延伸练习

背景：

桂林三花酒，是中国米香型白酒的代表，被誉为白酒之王，是桂林人的骄傲。其酿酒原料选自漓江流域出产的大米，水源为漓江深层地下水，并且，桂林三花酒的酒曲添加了桂林特有的香草。小张的网店主要经营桂林三花酒，但因为是新开店铺，关注和下单的用户较少，请协助小张，就桂林三花酒进行软文营销，引流至其网上店铺。

步骤：

①分析产品特性，提炼出可用于软文营销的宣传点。

②结合百度指数分析产品的用户特征，进行列表。

③结合产品特性、用户特征等确定软文主题，注意与选定的营销平台特性相呼应。

④借助 XMind、笔神完成软文的写作。

⑤通过新榜编辑器软文进行排版美化。

⑥完成内容的发布。

项目六　其他营销

任务一　视频营销

任务前导

自社交媒体营销兴起以来，视频营销一直是其中浓墨重彩的一笔，它凭借自身优势，成为备受企业喜爱的营销手段之一。那么，什么是视频营销？它具有怎样的特点？分为哪些类型？需要什么工具来协助营销？下面我们将围绕以上问题，展开视频营销的讲解。

任务实施

一、视频营销简介

（一）视频营销的概念与优势

视频营销，即利用视频进行营销活动，企业将精心策划和制作的视频内容上传到视频播放平台供用户观看，以此实现产品和品牌传播的目的。

因为是“视频”和“互联网”相结合的产物，所以视频营销具有两者的优势，如图6－1所示。

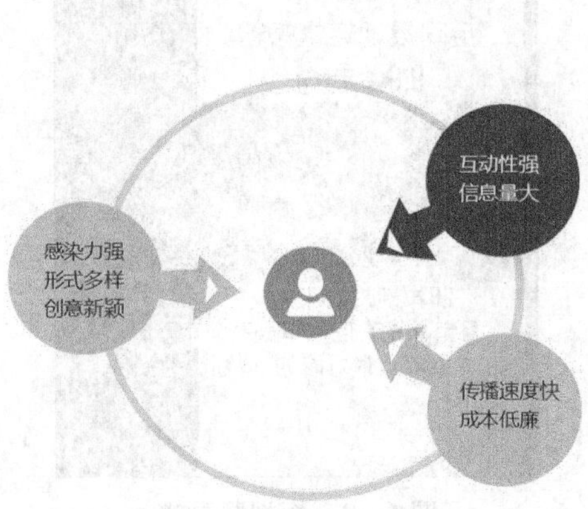

图6－1　视频营销的优势

1. 感染力强、形式多样、创意新颖

像电视短片一样，视频能够通过动效图像直接呈现给用户，给用户强的代入感，感染其融入视频所设定的场景与情感中去。同时，视频没有固定的形式，制作人可以充分发挥其创意。

2. 互动性强、信息量大

互联网将其互动性强与信息量大的特点赋予了视频营销，用于营销的视频可以上传到互联网上供用户观看、点评、分享。同时，短小精悍的视频中可以囊括较多信息内容，让用户在短时间内获取到更多的营销信息。

3. 传播速度快、成本低廉

利用网络，营销视频能够在上传完成的一瞬间，被全世界的用户点击观看，如此快的传播速度，却只需要付出相对低廉的价格。

（二）视频营销的类型

常见的视频营销类型有三种：短视频营销、视频广告营销及直播视频营销。

1. 短视频营销

顾名思义，短视频指时长较短的视频，多集中在几秒至几十秒，此类视频多用手机进行拍摄，并投放到各类新媒体传播平台，供用户点击和观看。

因为时长短，短视频营销的创作成本相对低廉。同时，该营销类型采用短视频 + 社交 + 互联网的传播方式，可以从更多的角度和用户快速、即时地展开互动，是目前最为火爆的视频营销类型。如图 6 – 2 所示，即为短视频营销。

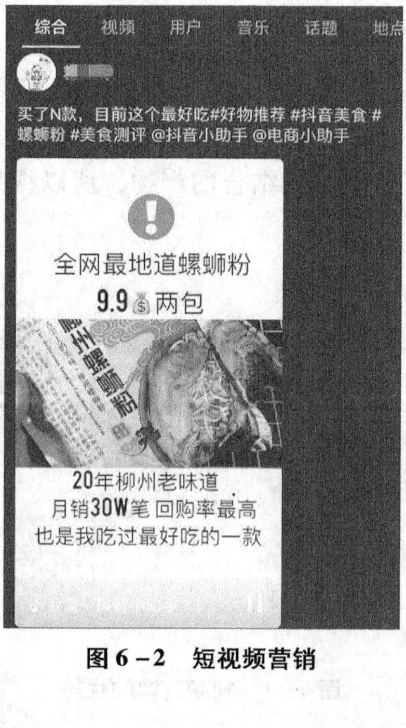

图 6 – 2　短视频营销

2. 视频广告营销

视频广告营销，常见的类型有常规广告、贴片广告和植入广告。

（1）常规广告。常规广告是目前最为常见的视频广告形式，如移动视频广告、电视视频广告、PC 视频广告、户外视频广告等。如图 6－3 所示，为常规广告。

图 6－3　常规广告

（2）贴片广告。贴片广告是插入在公开热播的电视剧、电影、网络视频中的广告，其常常会出现在视频的开头、边角、结尾或者暂停处。在渠道的选择上，贴片广告往往会选择受众较多的主流视频播放平台进行广告展示，如爱奇艺、优酷、腾讯等平台，如图 6－4 所示。

图 6－4　贴片广告

（3）植入广告。植入广告是企业将品牌产品及名称直接插入热播的节目中，进行强力宣传的视频营销形式。比如某个节目的冠名商，其产品和品牌名就会数次出现在该节目中。

3. 直播视频营销

直播视频营销，是在直播视频中插入广告的营销模式。比如在常见的直播平台映客、淘宝直播、小咖秀进行直播时，插入对产品或品牌的营销描述，引导观看直播的用户了解和关注该营销对象。

（三）视频营销的发布渠道

常见的视频营销发布渠道有以下三大类型。

1. 短视频渠道

短视频渠道一般自带视频拍摄与简单处理的功能，因此企业可以直接在这些平台上拍摄视频并上传，同时，也可以上传已经录制好的其他视频。在短视频平台上传的视频几乎不需要额外成本支出，却能收到广泛的传播和关注。比如，抖音短视频平台就帮助许多品牌增加了用户的好感度和热度。

2. 主流视频渠道

主流视频渠道是营销视频发布的首选渠道，包括爱奇艺、优酷、腾讯、土豆、新浪等。这些渠道拥有庞大的受众群体，能够将营销信息较为广泛地传播出去，为企业推广提供助力。

3. 社交渠道

包括微博、微信在内的社交渠道，也是视频营销经常选择的播放渠道。企业或是将视频直接发布在自己的微博、微信上，或是邀请微博大 V 帮忙转发，以此来推动营销目标的实现。

二、视频营销工具使用

（一）快剪辑工具介绍

快剪辑是 360 公司推出的一款视频编辑工具，在 PC 端和移动端都可以使用。作为视频编辑工具，快剪辑不仅功能齐全，而且操作简单，使用者可以在看视频的同时快速完成视频的编辑。

与其他视频工具相比，快剪辑具有以下几个特点，如图 6－5 所示。

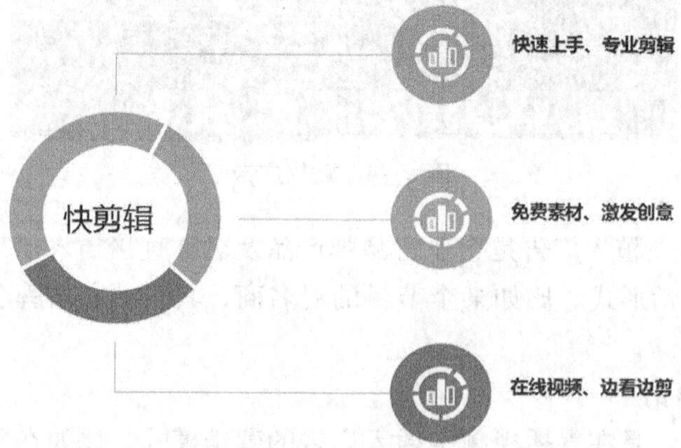

图 6－5　快剪辑特点

1. 快速上手、专业剪辑

快剪辑可以依据引导进行操作，用户很快便能上手；画面能够精确到帧，还能实现画面分割、混剪、音频调节等多种剪辑操作。

2. 免费素材、激发创意

快剪辑拥有海量的免费素材，如声音、字幕、转场、水印、贴纸、片头等，用户可以根据自身需求进行选择，同时这些素材也可以激发用户的创作灵感，使其制作出更加优质的视频。

3. 在线视频、边看边剪

快剪辑可以实现视频的边看边剪，用户可以在观看的过程中完成视频处理，大大提升了视频制作的效率。

（二）快剪辑工具使用

步骤1：在浏览器中搜索“快剪辑”，点击其官网进入，如图6－6所示。

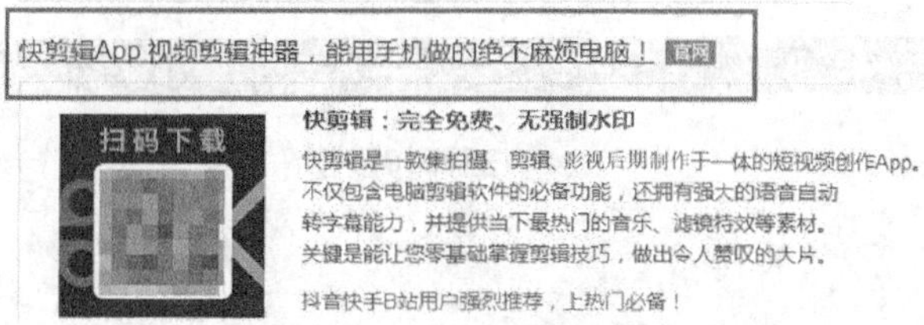

图6－6　快剪辑官网

步骤2：点击“免费下载”按钮，完成快剪辑下载并安装，如图6－7所示。

图6－7　“免费下载”按钮

步骤3：安装完成后，打开快剪辑工具。点击“登录”按钮，如图6－8所示。

图6－8　“登录”按钮

步骤4：点击“点击注册”按钮，注册快剪辑，如图6－9所示。

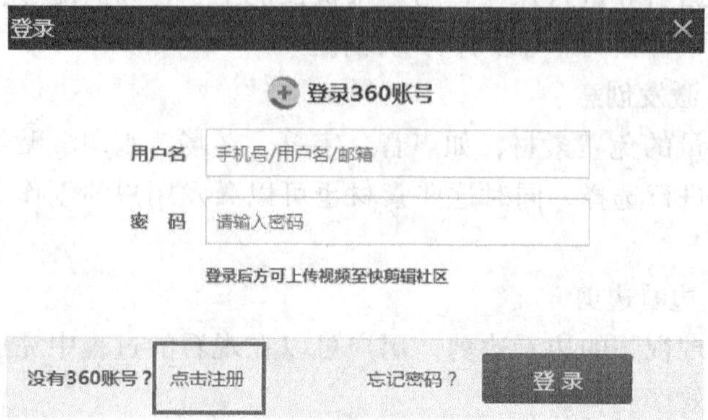

图6－9　“点击注册”按钮

步骤5：注册成功后，点击“点击登录”按钮，输入信息，登录快剪辑，如图6－10所示。

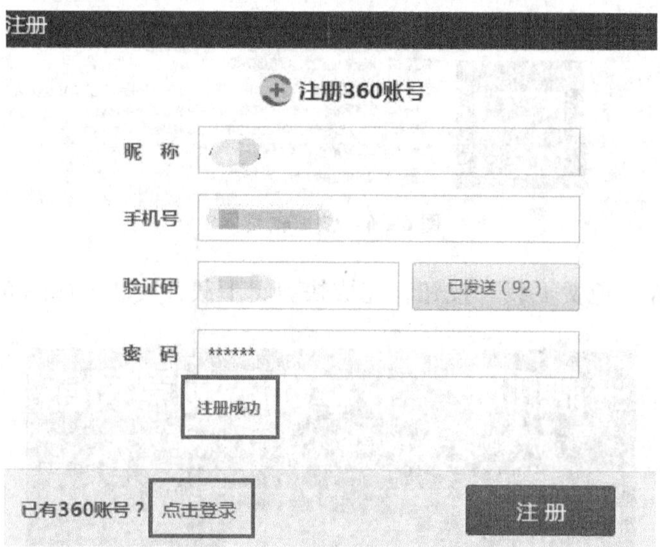

图6－10　“点击登录”按钮

步骤6：点击“新建视频”按钮，如图6－11所示。

图6－11　“新建视频”按钮

步骤7：选择工作模式。工作模式有两种，一种是快速模式，采用向导式操作，能够快速完成视频处理；另一种是专业模式，可以添加多个音频，更适合专业精细化剪辑。这里我们先点击“快速模式”按钮，进行相应操作，如图 6－12 所示。

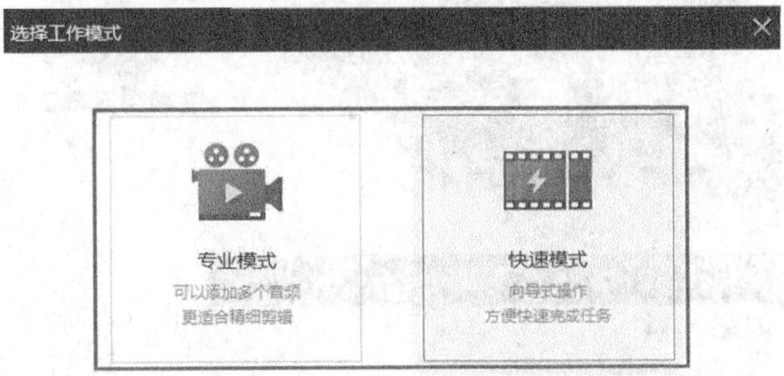

图 6－12　“快速模式”按钮

步骤 8：导入视频。进入视频编辑页面，如图 6－13 所示。

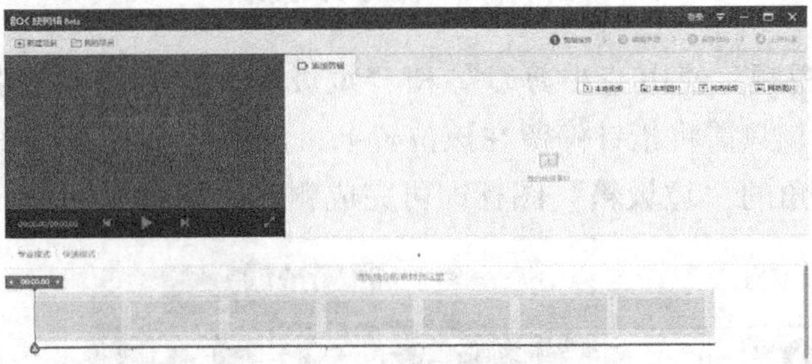

图 6－13　视频编辑页面

点击右侧“本地视频”按钮，选择要编辑的视频后，点击“打开”按钮，导入视频，如图 6－14、图 6－15 所示。

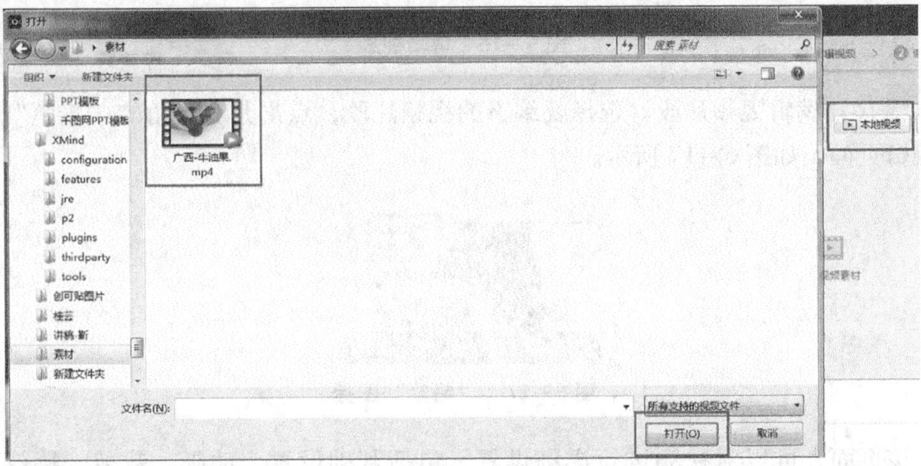

图 6－14　导入视频

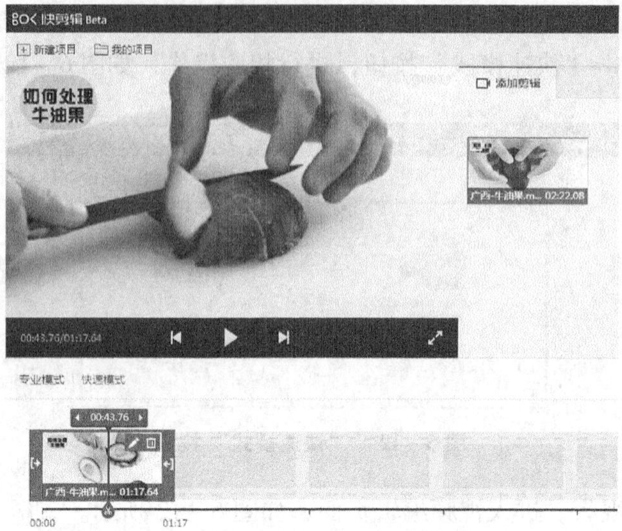

图 6－15　视频导入效果

步骤 9：剪辑视频。使用“小剪刀”和“垃圾箱”图标进行视频剪辑。如果想要剪辑掉某部分内容，只需将指针停留在该位置上，点击“小剪刀”图标将视频拆分开，再点击该内容右上角的“垃圾箱”图标即可完成删除，如图 6－16 所示。

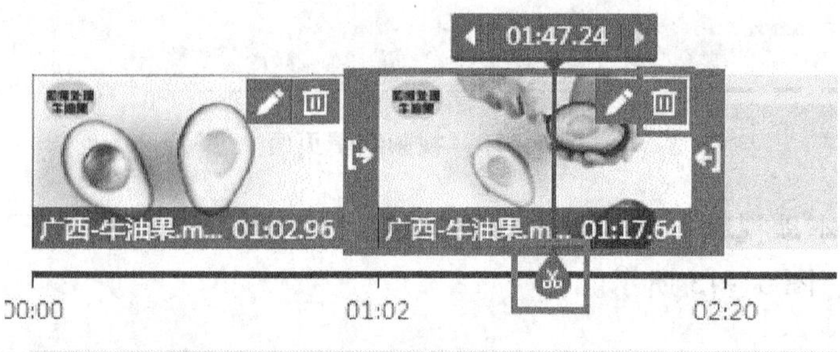

图 6－16　剪辑视频

步骤 10：编辑视频片段。选择要编辑的视频片段，点击其右上角的“铅笔”图标，进入编辑页面，如图 6－17 所示。

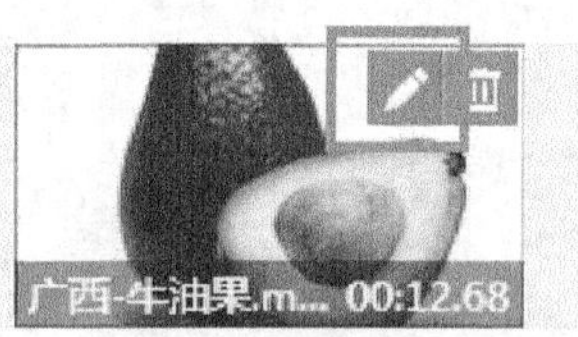

图 6－17　“铅笔”图标

在该页面，可以对视频进行详细设置，包括基础设置、动画、裁剪、特效字幕、贴图、标记、二维码、马赛克。点击对应按钮进入即可进行相应设置，如图 6－18 所示。

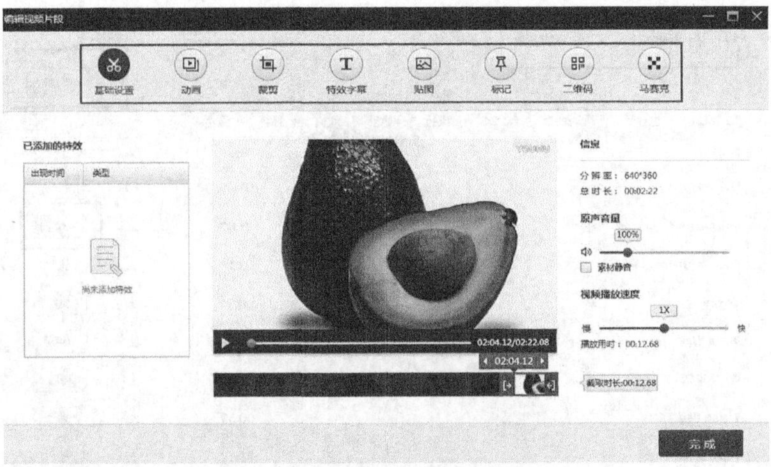

图 6－18 编辑视频片段页面

以设置特效字幕为例，操作步骤：点击“特效字幕”按钮，进入特效字幕设置页面，如图 6－19 所示。在右侧进行操作，完成后，点击下方“完成”按钮即可。

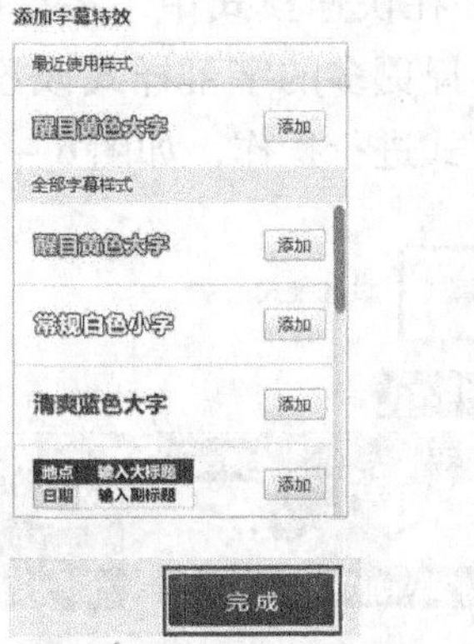

图 6－19 “完成”按钮

步骤 11：编辑声音。点击“编辑声音”按钮，进行声音编辑，如图 6－20 所示。

图 6－20 “编辑声音”按钮

在该模块可以添加音乐和音效。选择好要添加的音乐后，点击右侧“使用”按钮即可。也可以点击“添加本地音乐”按钮添加自己想要的音乐及音效，如图 6－21 所示。

图 6－21　添加音乐

步骤 12：需要注意的是，在快速模式中，字幕的样式比较少，也无法添加转场、抠图、滤镜效果，如果想要选择更多的字幕样式或添加滤镜等效果，则需要点击“专业模式”按钮，切换到专业模式进行操作，如图 6－22 所示。

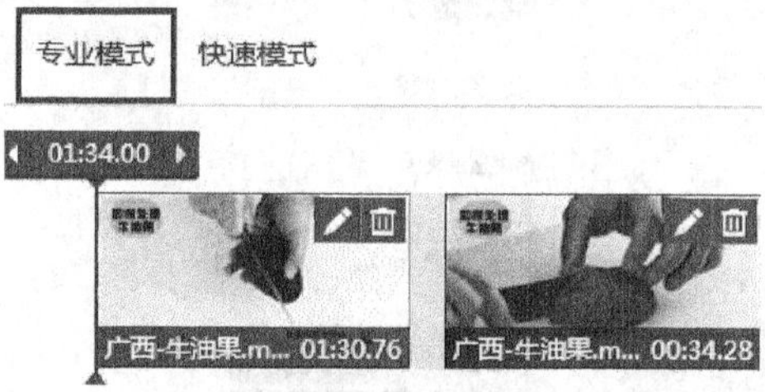

图 6－22　“专业模式”按钮

步骤 13：添加更多字幕。点击“添加字幕”按钮，选择一个字幕效果，点击该字幕效果右上角的“加号”图标，即可进行字幕添加，如图 6－23 所示。

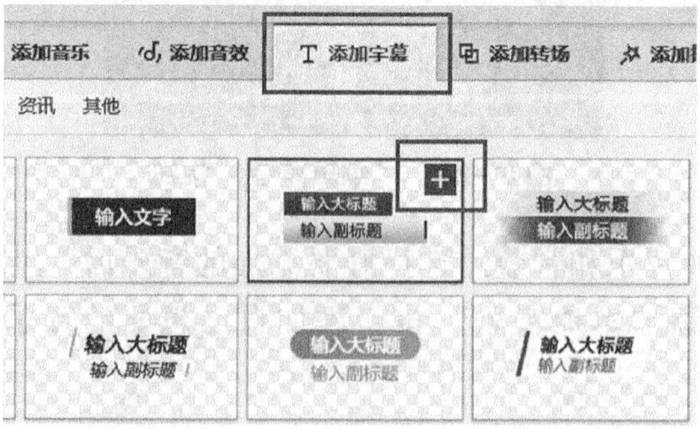

图 6－23　添加字幕

输入要添加的字幕，并将字幕框移动到合适的位置后，点击“保存”按钮，完成字幕设置的保存，如图 6－24 所示。

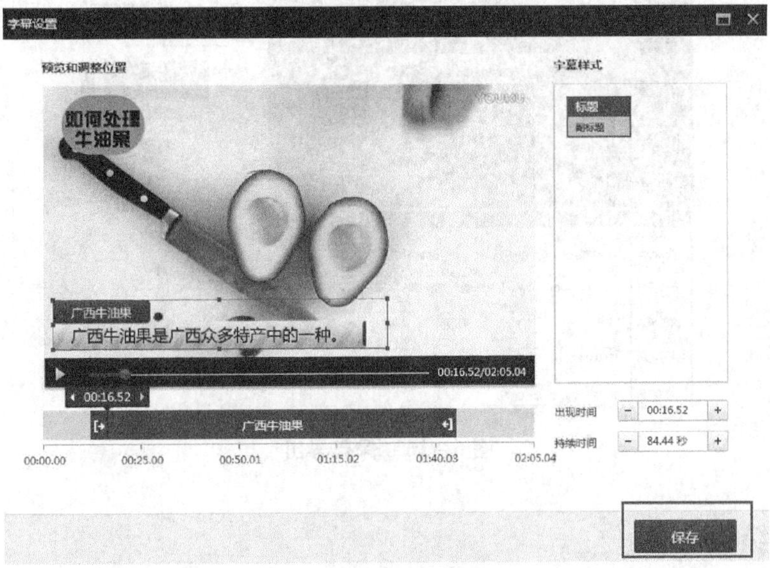

图 6－24　“保存”按钮

步骤 14：添加其他。分别点击“添加转场”“添加抠图”“添加滤镜”按钮，选择需要的内容完成添加，如图 6－25 所示。

步骤 15：保存导出。最后，选择导出格式、路径等，可以将视频保存到指定位置。在保存时，还可以进行特效片头选择、标题命名、创作者命名、加水印等操作，如图 6－26所示。

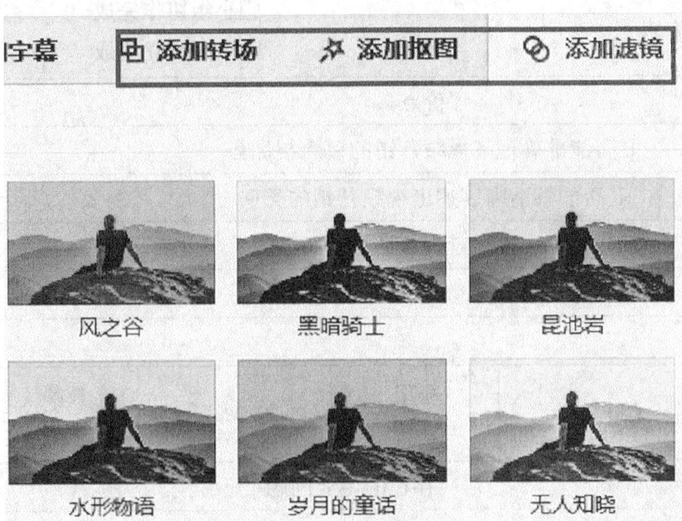

图 6－25　添加其他

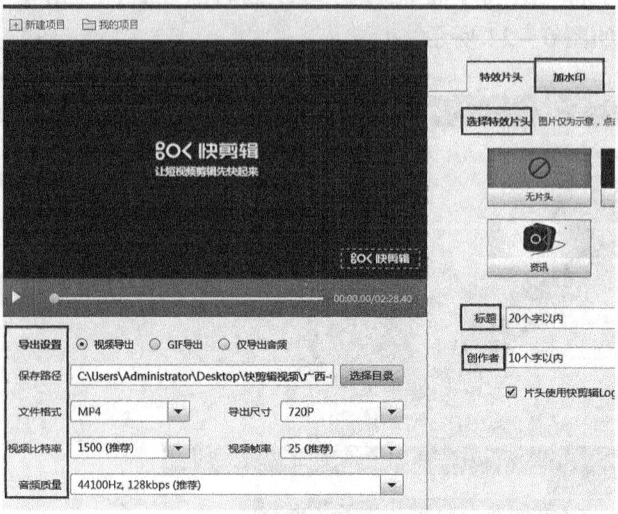

图 6－26　保存导出

任务总结

本任务主要讲解了视频营销的相关知识，需要学生在领会视频营销概念、优势、类型等知识的基础上，重点掌握快剪辑视频编辑工具的使用方法，并能够独立完成视频的剪辑。

任务评价

<table>
<tr><th colspan="6">任务评价表</th></tr>
<tr><td colspan="2">任务完成方式</td><td colspan="4">□小组协作完成
□个人独立完成</td></tr>
<tr><td colspan="5">评价点</td><td>分值</td></tr>
<tr><td colspan="5">是否能准确理解视频营销的概念与优势</td><td>20</td></tr>
<tr><td colspan="5">是否能够清晰表述出视频营销的类型</td><td>20</td></tr>
<tr><td colspan="5">是否了解视频营销常见的发布渠道</td><td>10</td></tr>
<tr><td colspan="5">是否能够使用快剪辑完成视频的剪辑</td><td>50</td></tr>
<tr><td colspan="6">任务总成绩：</td></tr>
<tr><td>自我评价</td><td>（20%）</td><td>小组评价</td><td>（20%）</td><td>教师评价</td><td>（60%）</td></tr>
<tr><td colspan="6">存在的主要问题</td></tr>
<tr><td colspan="6"></td></tr>
</table>

延伸练习

背景：

广西桂林地区永福县是罗汉果的故乡，种植罗汉果已有200多年历史。罗汉果是一种藤状植物，盛产于桂林市临桂区和桂林市永福县的山区，是名贵的药材，可制作成高级清凉饮料及调味佳品。请同学们为永福罗汉果拍摄一段营销视频，并使用快剪辑完成视频处理。

步骤：

①学生拍摄永福罗汉果的营销视频。

②使用快剪辑完成视频处理。

③选择视频营销的发布渠道，并发布视频。

任务二 IM营销

任务前导

日趋激烈的市场竞争，使企业需要不断地更新和扩大其营销方式，IM营销所具有的即时通信的特质被企业看中，进而成为企业首选的营销推广方式之一。那么，什么是IM营销？它的特点是什么？常见的工具有哪些？下面我们将围绕以上问题，展开IM营销的讲解。

任务实施

一、IM营销概述

IM营销，也叫即时通信营销，是企业通过即时通信工具（QQ、微信等）推广其品牌或产品，实现产品销售和品牌推广的营销手段。作为仅次于浏览器的第二大互联网应用，即时通信工具在移动端和PC端都拥有大量用户，这为IM营销提供了良好的基础。

IM营销常用的推广形式有两种。其一是在线交流，企业营销人员通过即时通信工具与目标用户或潜在用户在线直接进行交流，使用户第一时间获取产品信息，并以最快的速度达成交易。其二是广告发布，企业通过即时通信工具发布产品信息、促销信息等广告或者通过发布一些用户喜爱的且带有企业及产品信息的图片、文章等，以达成推广的目的。

二、IM营销的特点

IM营销具有五大特点，如图6－27所示。

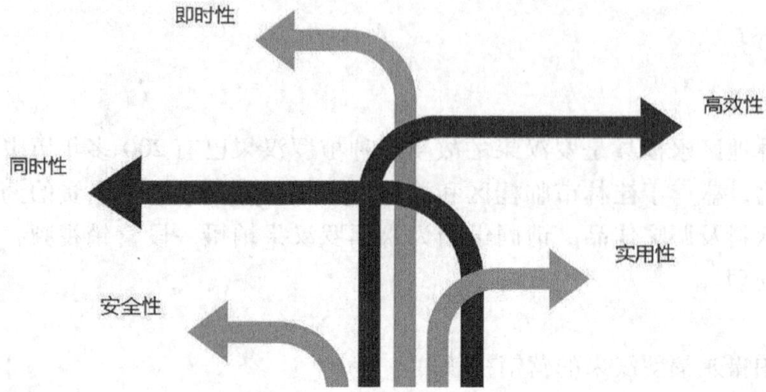

图 6-27　IM 营销五大特点

1. 即时性

IM 使用即时通信工具开展营销活动，这使得其能够即时为用户传递信息和进行交流。并且，用户和企业可以看到对方是否在线，在有效时间段与对方进行交流。

2. 高效性

根据企业用户的需求，企业即时通信产品以高效、稳定和安全作为其产品开发的重点，这使得 IM 营销能够高效地进行和完成营销任务。

3. 同时性

IM 营销不仅允许两人或多人使用网络即时传递信息，还可以将网站信息与聊天用户直接联系在一起，如通过网站向聊天用户群发送信息或者通知等。

4. 实用性

IM 营销可以实现人与人之间的交流，也可以实现企业内部管理与外部合作的交流，具有很强的实用性。

5. 安全性

IM 营销工具在制作时，都会以是否安全作为产品开发的依据，因此，在使用 IM 营销开展推广活动时，不管是企业信息，还是用户信息的安全，都能够得到有效保证。

三、IM 营销工具使用

（一）IM 营销工具介绍

IM 营销工具是在 IM 营销过程中需要借助的平台，在实际营销过程中，企业多采用腾讯 QQ、微信展开实施。

1. 腾讯 QQ

腾讯 QQ 是腾讯旗下一款基于互联网的即时通信软件。该工具有在线通信（文字聊天、语音聊天、视频聊天）、图片发送、文件共享等功能，同时拥有 QQ 空间等附带功能，是 IM 营销的主战场之一。

2. 微信

微信（WeChat），是腾讯推出的另一款即时通信工具，它支持在线快速发送文字图片、多人语音对讲、多人视频对讲等功能。用户可以在微信中组建群聊，开启多人会话功能。

3. 其他社交平台营销形式

除腾讯 QQ 和微信以外，还有一些其他使用较少的即时通信工具，如陌陌、探探等。这些即时通信工具共同搭建了企业 IM 营销的平台。

（二）QQ 工具使用

以下，我们以 QQ 为例，展开讲解该 IM 营销工具的使用方法。

1. 建立个人 QQ 账号

步骤 1：下载并安装 QQ 软件。

步骤 2：打开 QQ 登录页面，点击左下角“注册账号”按钮，进行账号注册，如图 6－28 所示。

图 6－28　“注册账号”按钮

步骤 3：填写 QQ 昵称。用来营销的账号最好使用品牌名、店铺名或产品名等，让用户第一眼记住品牌或所卖的产品是什么，如图 6－29 所示。

步骤 4：点击“立即登录”按钮，完成登录，如图 6－30 所示。

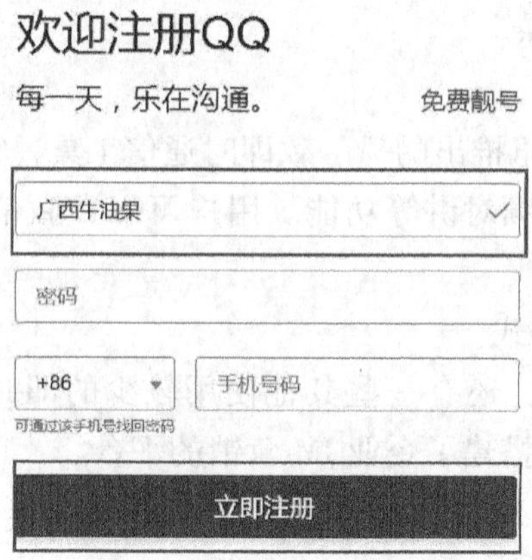

图 6－29　填写昵称

图 6－30　“立即登录”按钮

步骤 5：更换头像。点击头像按钮，更换头像，如图 6－31 所示。可以将产品图或品牌的 Logo 作为头像，方便用户区别。

图 6－31　更换头像

步骤 6：编辑个性签名和个人说明。点击“编辑资料”按钮。编辑个人信息，着重填写个性签名和个人说明，可以附上企业网址链接和介绍企业的文字，如图 6－32 所示。

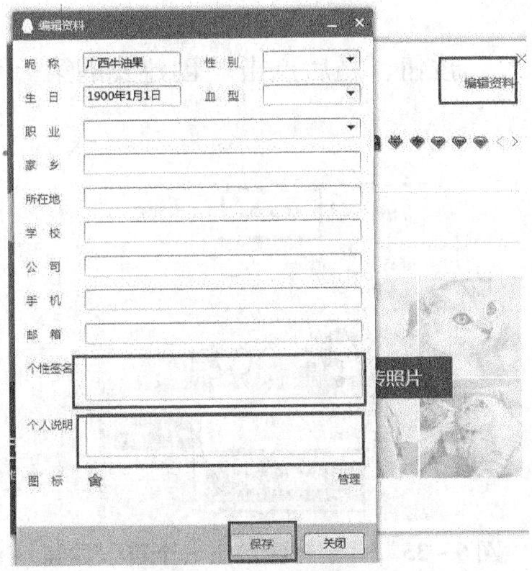

图 6－32　编辑资料

步骤 7：点击“QQ 空间”按钮，进入 QQ 空间，如图 6－33 所示。

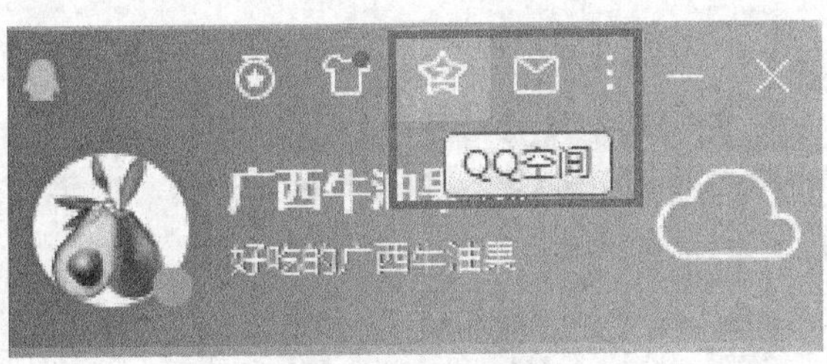

图 6－33　QQ 空间

步骤 8：在输入框输入营销文案，也可以@指定用户。在页面右侧还可以添加照片、视频、音频等，如图 6－34 所示，完成后，点击“发表”按钮即可。

图 6－34　发表

2. 建立 QQ 群

步骤1：点击“联系人”按钮，之后点击“创建我的第一个群”按钮，进行QQ群创建，如图6－35所示。

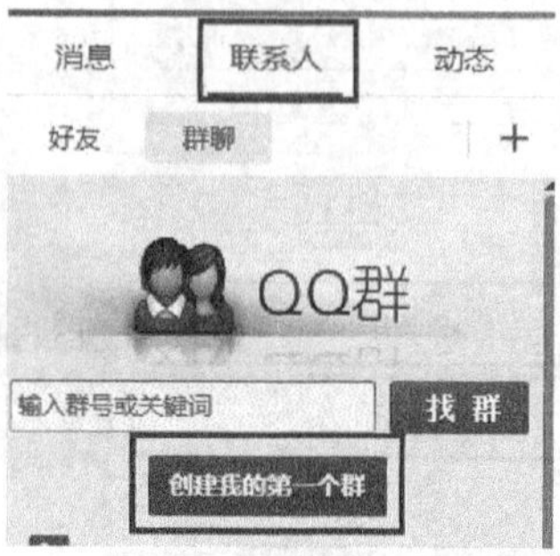

图6－35 “创建我的第一个群”按钮

步骤2：选择群类别为“品牌产品”，方便潜在用户根据群类型找到所建立的群，如图6－36所示。

图6－36 选择类型

步骤3：填写群信息。包括品牌名称、群地点、群名称、群规模、群公开等，如图6－37所示。

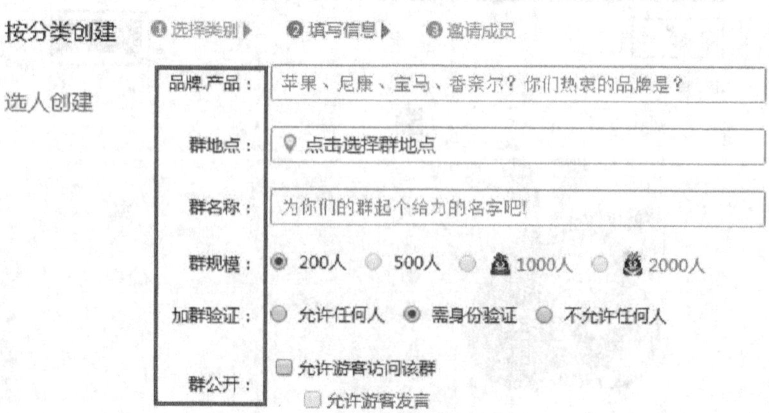

图6－37 群信息填写

步骤4：更换群图标，点击“更换群图标”按钮，如图6－38所示，选择与品牌或产品有关的图像设置为群图标。

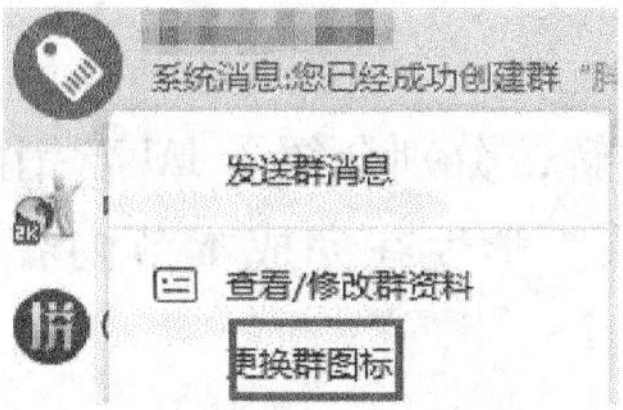

图6－38　更换群图标

步骤5：通过搜索群添加目标客户。在建QQ群之初，通过QQ的搜索功能，如图6－39所示，输入关键字“地区＋牛油果”进行查找，这样查找可以进一步缩小行业的限定和加大对目标群体的把握，在很大程度上能够保证推广的效果。获取查找结果后，可选择合作的群加入。

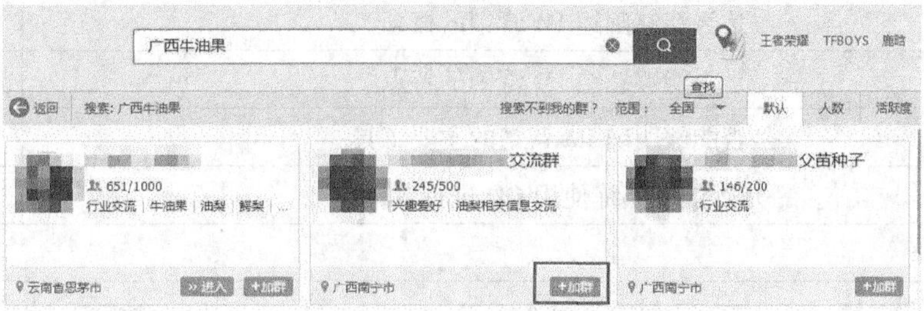

图6－39　加入QQ群

加入QQ群后，可以挑选里面的成员将其添加到自己新建的QQ群内，作为日后营销的对象。

步骤6：设置QQ空间。点击进入QQ空间后，针对自己营销的产品或品牌对空间进行设置。比如，点击“主页”按钮，进入详情设置页面后，选择模板上传图片，完成形象墙设置，如图6－40所示。

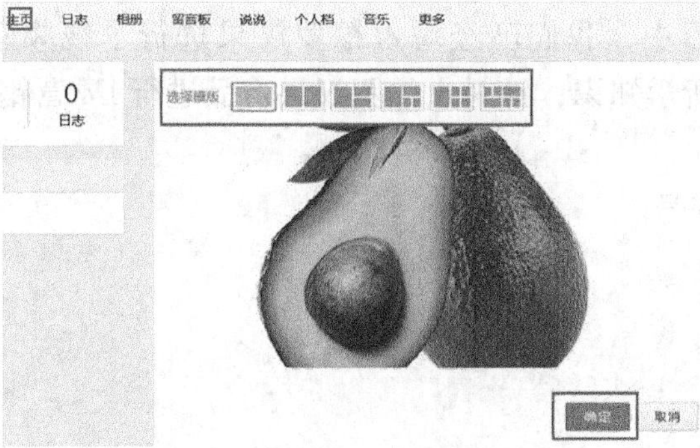

图6－40　形象墙设置

完成 QQ 空间设置后，可以在 QQ 空间发布日志、视频等，来介绍品牌或产品，以此来吸引目标用户的关注。

任务总结

本任务针对 IM 营销展开讲解，分别介绍了 IM 营销的概念、特点，常用的 IM 营销工具，以及 QQ 营销的操作方法。学生在完成本节内容的学习后，需要核心掌握运用 QQ 开展营销操作的能力。

任务评价

<table>
<tr><td colspan="6">任务评价表</td></tr>
<tr><td colspan="2">任务完成方式</td><td colspan="4">□小组协作完成
□个人独立完成</td></tr>
<tr><td colspan="5">评价点</td><td>分值</td></tr>
<tr><td colspan="5">是否能够阐述 IM 营销的概念</td><td>20</td></tr>
<tr><td colspan="5">是否能够总结 IM 营销的特点</td><td>20</td></tr>
<tr><td colspan="5">是否能够明确 IM 营销的主要工具</td><td>10</td></tr>
<tr><td colspan="5">是否能够熟练使用 QQ 进行营销</td><td>50</td></tr>
<tr><td colspan="6">任务总成绩：</td></tr>
<tr><td>自我
评价</td><td>（20%）</td><td>小组
评价</td><td>（20%）</td><td>教师
评价</td><td>（60%）</td></tr>
<tr><td colspan="6">存在的主要问题</td></tr>
<tr><td colspan="6"></td></tr>
</table>

延伸练习

背景：

在任务一延伸练习中，我们已经对永福罗汉果进行了视频营销的操作，接下来，请同学们基于本任务所学知识，针对永福罗汉果产品进行 IM 营销的相关操作。

步骤：

①建立个人 QQ 账号。

②建立 QQ 群。

③完成营销操作。

任务三 二维码营销及 H5 营销

任务前导

除了视频营销与 IM 营销外，企业在营销过程中还会用到二维码营销及 H5 营销，这两种方式能够为品牌或产品推广提供有效助力。那么，二维码营销和 H5 营销各自具有什么优势？具体工具的使用方法是什么？下面我们将围绕以上问题，展开二维码营销及 H5 营销的讲解。

任务实施

一、二维码营销

（一）二维码营销的概念与优势

二维码是用来记录信息的某种几何图形，这种几何图形按照一定的规律在平面排列组合而成。在代码编制上，遵循计算机“0”“1”比特流的原理。用户在扫描二维码后，可以迅速获取对应的信息，信息类型包括文本、网址、文件、图片、音视频、微信公众号等。二维码营销是通过将二维码放置在其他载体上进行信息传播的营销方式。

二维码营销具有以下四个优势。

1. 营销成本低

二维码能承载大量信息，这大大削减了版面数量、印刷成本。同时，二维码制作非常简单且不需要任何成本，将其投放在合适的载体上就可以帮助企业或产品进行宣传。

2. 承载内容多

二维码可以向用户展示无限量的文字、图片、视频、动画等内容。

3. 连接线上和线下

用户通过扫描二维码，获取到二维码对应的信息后，一部分用户会转化为线下流量，进入实体店进行消费，如用户扫描到二维码的优惠券信息后，会使用该优惠券进行线下购物。

4. 适用于不同行业

各行业都可以依据行业及产品的特色，设计不同的内容，将内容放置在二维码内向用户展示，以达到营销的目的。

（二）二维码营销工具使用

二维码制作工具有很多，如草料二维码生成器、联图二维码、微微在线二维码生成器、视觉码、美图 GIF 等。这些工具在功能实现上基本类似，我们以草料二维码生成器为例，讲解二维码工具的使用方法。

步骤 1：在搜索引擎中输入“草料二维码生成器”或直接输入网址（https：//cli. im/）进入草料二维码主页，如图 6 – 41 所示。

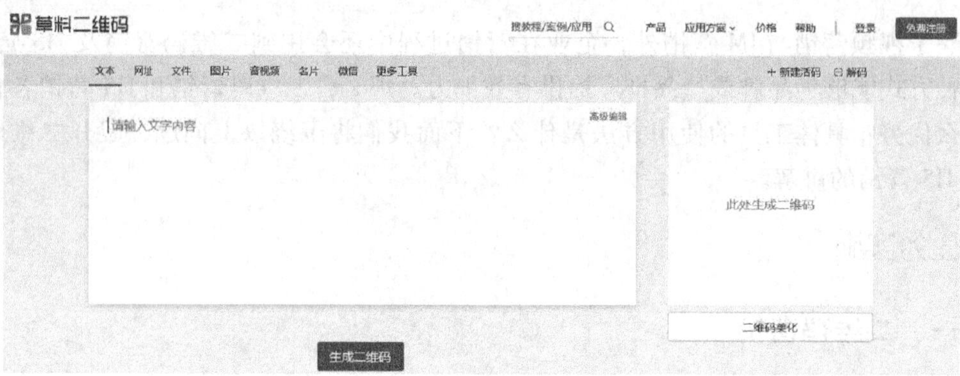

图 6 – 41　草料二维码主页

步骤 2：选择二维码对应内容的类型，如图 6 – 42 所示，可选择的类型有文本、网址、文件、图片、音视频、名片、微信。

图 6 – 42　选择二维码类型

步骤 3：输入需要对外展示的网址链接，点击“生成二维码”按钮，获取二维码，如图 6 – 43 所示。

图 6 – 43　生成二维码

需要注意的是，在生成二维码之前，可以选择二维码类型，包括静态码和活码，二者的区别是静态码一旦生成其对应的内容就无法再做更改，活码生成后可以随时更改对应内容。

步骤 4：生成二维码后，可以对二维码进行美化处理，如图 6－44 所示。

图 6－44　二维码美化的四个模块

①点击“基本”按钮，可以调整二维码的容错、大小和码制，如图 6－45 所示。

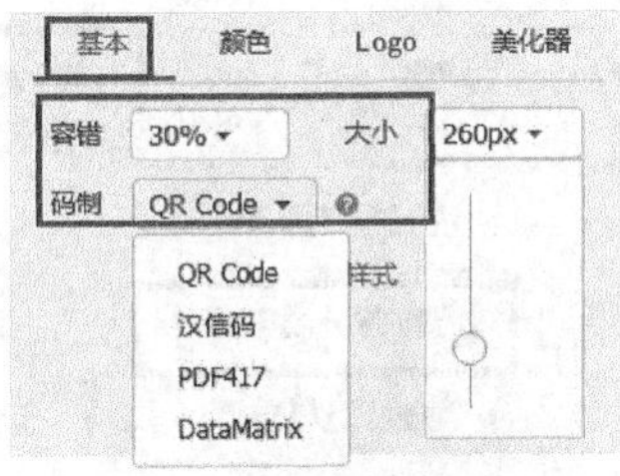

图 6－45　基本美化

②点击“颜色”按钮，可以调整二维码的前景色和背景色，如图 6－46 所示。

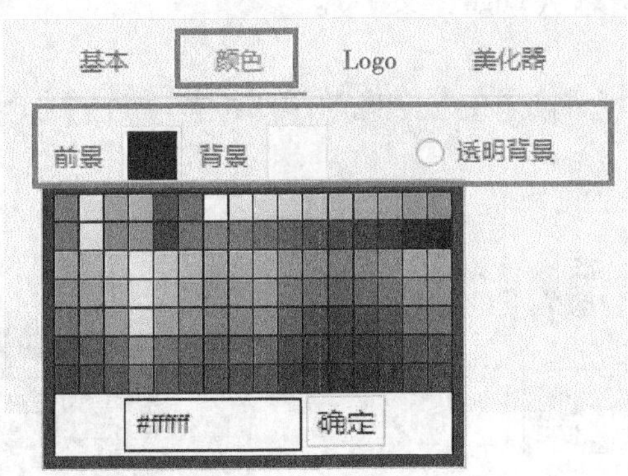

图 6－46　颜色美化

③点击“Logo”按钮，可以为二维码添加 Logo。如图 6－47 所示，可以选择草料二维码生成器自带的 Logo，也可以选择上传的 Logo。

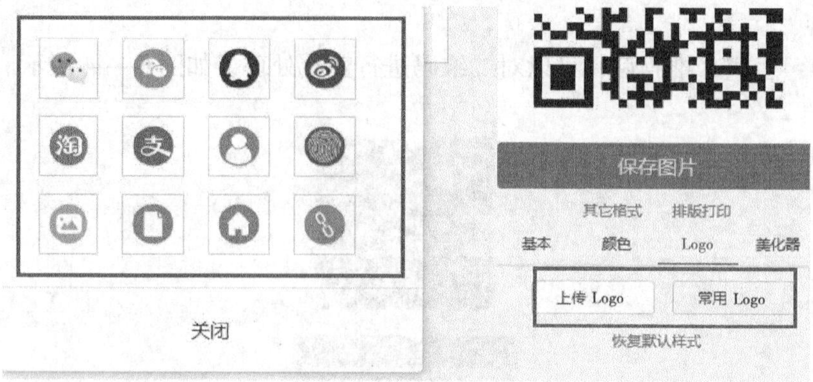

图 6－47　添加 Logo

④依次点击“美化器”—“旧版高级美化器”按钮，进入高级美化页面，如图6－48所示。

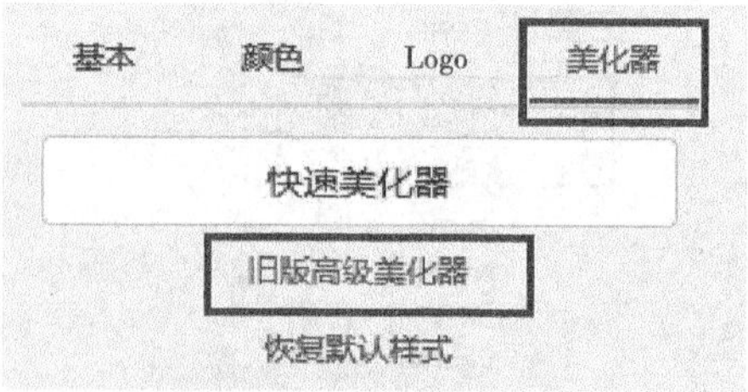

图 6－48　“美化器”按钮

可以进行模板选择和码眼的添加，如图 6－49 所示。同时，在该页面也可以设置二维码基础信息和嵌入信息（Logo、文字）。

图 6－49　高级美化

步骤 5：二维码制作完成后，点击右上角“下载二维码”按钮，保存二维码，后续进行营销推广时，将制作的二维码直接放置在营销内容中对用户展示即可，比如，放置在微信公众号文章中或微博中进行传播等，如图 6－50 所示。

图 6－50 下载二维码

二、H5 营销

（一）H5 营销的概念与优势

H5 的全称是 HTML5，它是万维网的核心语言。我们通常所讲的 H5 指利用 HTML5 语言编制的、可以用作传播的、囊括各种信息的 H5 广告。H5 营销指利用在页面呈现上融入文字、图片、视频、动效等的 H5 广告，将营销内容直观展现给用户，达到信息传播目标的营销手段，如图 6－51 所示。

图 6－51 H5 营销广告

作为营销手段，H5 营销具有以下优势。

1. 传播性强

H5 具有很强的传播性，它可以投放在移动端的各类社交平台上，同时不停地被转发，且转发只需要简单的几个动作就可以完成。

2. 互动性强

用作营销的 H5 广告一般画面都十分美观，且可以融合触屏、重力感应等感官互动功能，还可以添加小游戏、问卷调查等实际互动功能，能够有效激发用户观看 H5 广告的兴趣。

3. 效果可追踪

H5 营销的效果可以跨平台监控，这便于在 H5 广告发布之后，企业对传播效果的追踪和数据统计。

（二）H5 营销工具使用

常用的 H5 制作工具有易企秀、MAKA 等，这些 H5 制作工具操作简单，功能齐全，能够满足 H5 营销的需求。下面，以易企秀为例，展开讲解 H5 营销工具的使用方法。

步骤 1：在搜索引擎中搜索“易企秀”或者直接输入网址（https://store.eqxiu.com/index）进入易企秀官网，如图 6-52 所示。完成账号注册。

图 6-52　易企秀首页

步骤 2：进入设计页面，在该页面搜索框输入合适的模板类型，然后选择 H5 模板，如图 6-53 所示。

图 6-53　搜索 H5 模板

步骤3：选择好模板后，点击“立即使用”按钮，使用该模板，如图6－54所示。

图6－54　“立即使用”按钮

步骤4：进入后台编辑页面，可以通过文本、图片、背景、音乐、形状或者添加组件、表单等方式制作H5，如图6－55所示。

图6－55　H5制作选项

①点击“文本”按钮，如图6－56所示。添加文字并调整文字的字体、颜色、大小、方向、边框、阴影等，也可以为文字添加动画效果和触发（触发分为点击和摇一摇，选择自己想要的触发方式即可）。

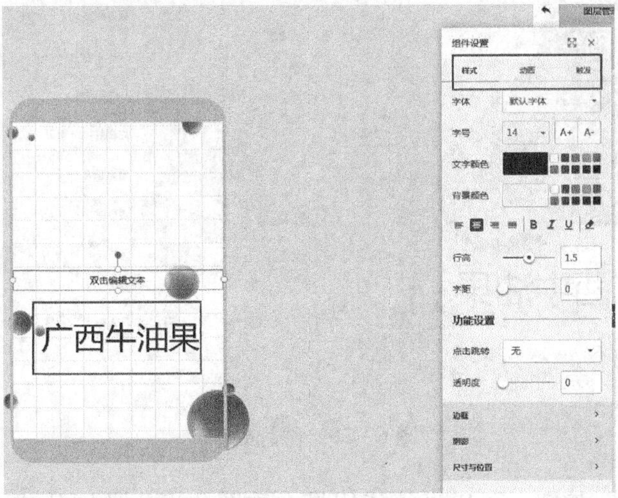

图6－56　添加文字

②点击“图片”按钮，进入图片选择页面，选择图片进行添加。可以选用自己上传或收藏以及易企秀工具自带的图片，如图 6－57 所示。

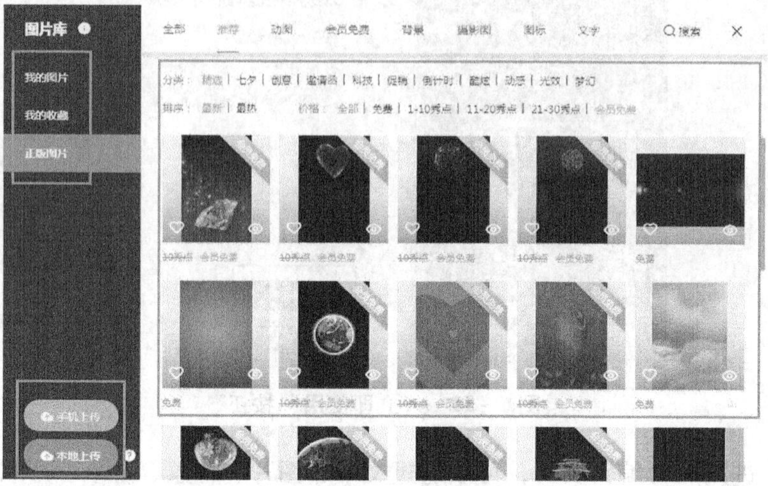

图 6－57　添加图片

选中正在编辑的图片，可以对图片进行处理，包括样式（背景颜色、翻转、重力感应等）、边框和触发，如图 6－58 所示。此外，拉动图片的选框，也可以调整图片的大小。

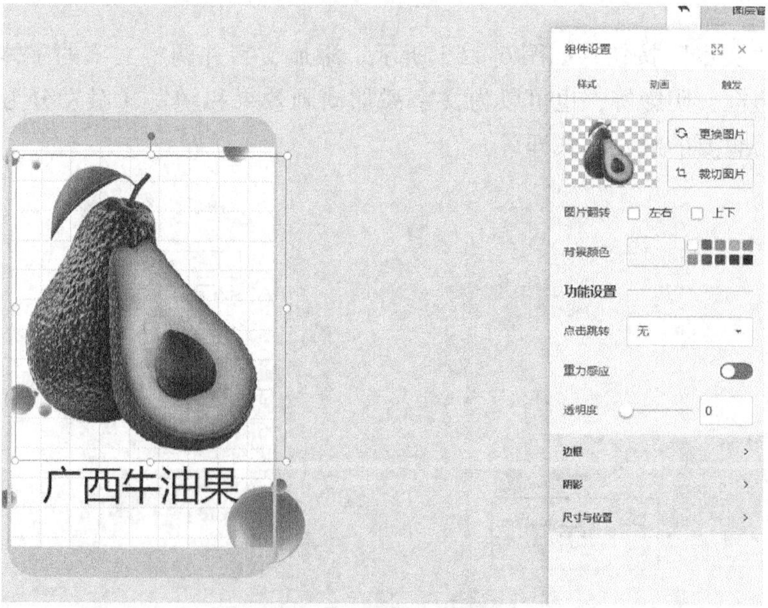

图 6－58　图片处理

③点击“背景”按钮，可以直接使用易企秀图片库中的图片或上传本地图片作为背景。设置好背景后，对其样式、边框、触发进行设置，如图 6－59 所示。如果背景

色和字体色不搭配，可在此处修改字体的颜色。

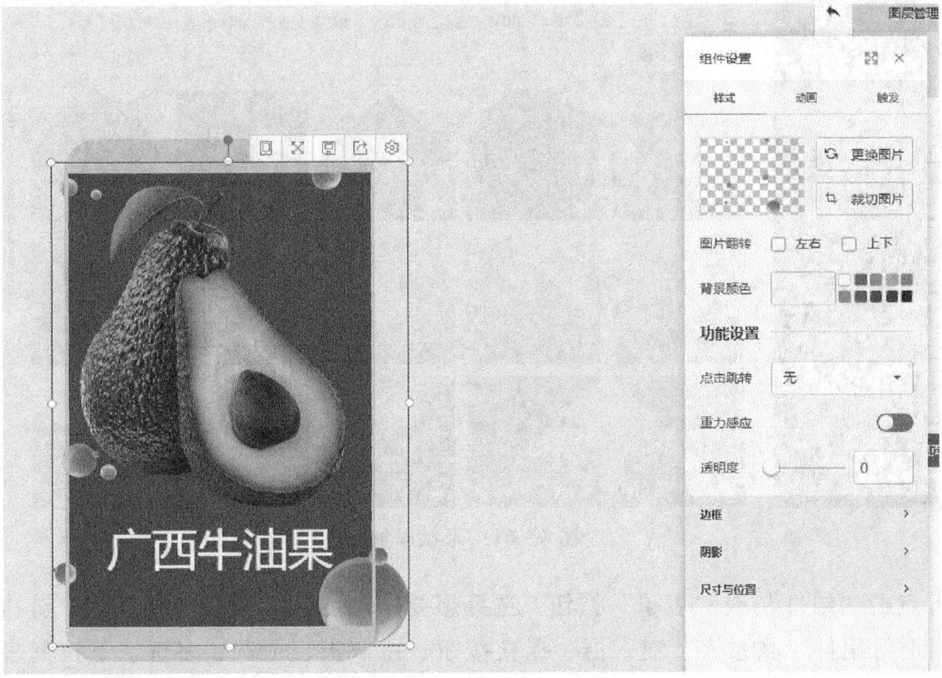

图 6－59　背景添加

④点击“音乐”按钮添加音乐，如图 6－60 所示。

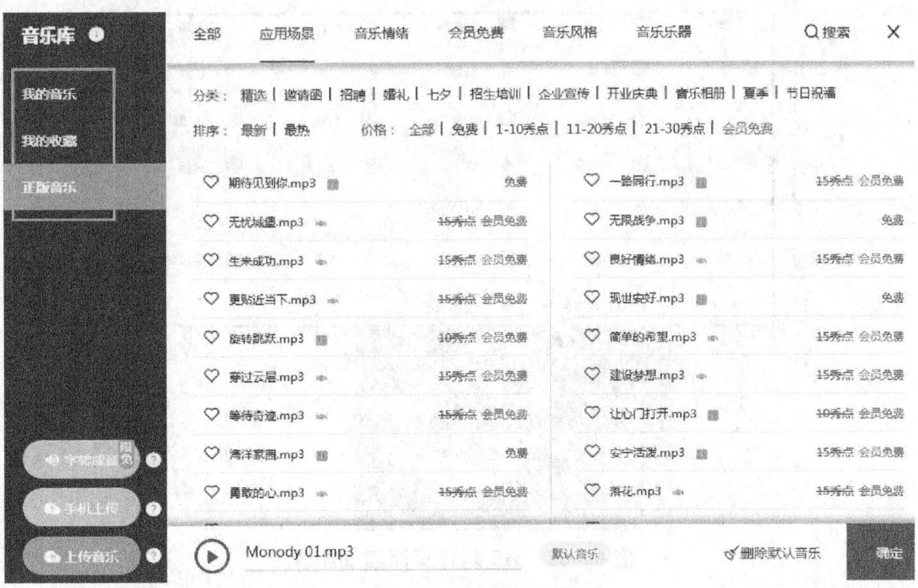

图 6－60　音乐添加

⑤点击“形状”按钮，添加形状，如图 6－61 所示。

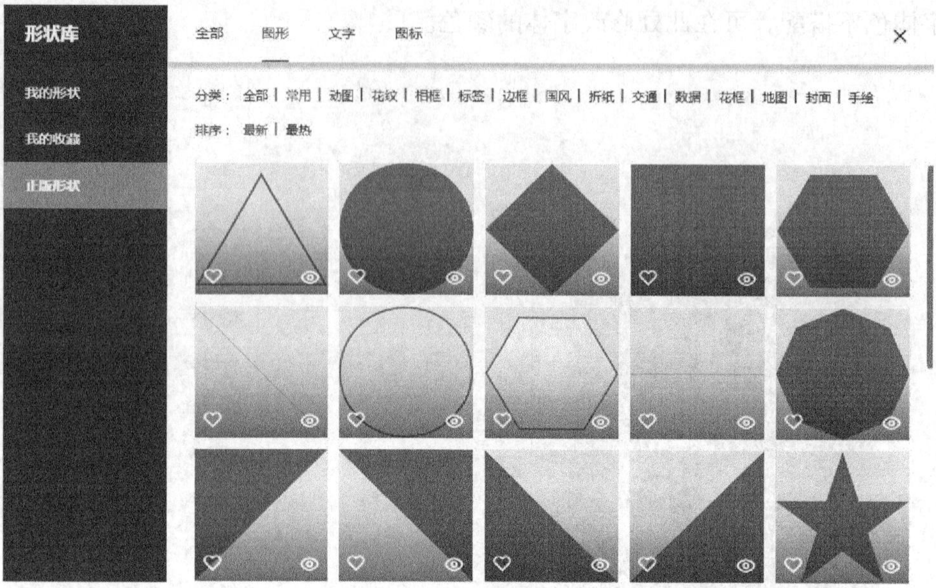

图 6－61　形状添加

⑥点击“组件”或“表单”按钮，选择想要添加的互动模块，如视频、链接、电话、计时等组件，联系人、输入框、提交按钮、留言板、单选、多选、下拉列表等表单，如图 6－62 所示。

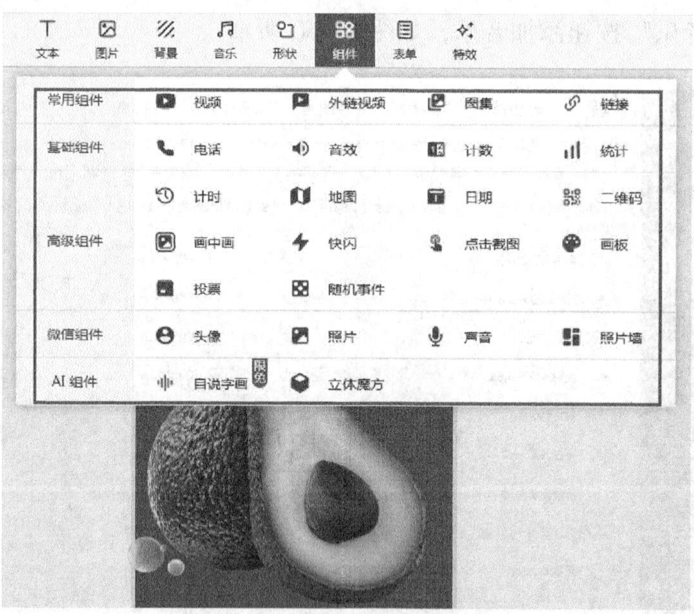

图 6－62　H5 制作页面添加组件

以添加外链视频为例，其操作方法：点击“外链视频”按钮进行视频添加，如图 6－63 所示。需要注意的是，粘贴的视频代码必须是原视频的通用代码。

图 6－63　视频添加

⑦点击“特效”按钮，选择需要的特效后，点击“确定”按钮即可，如图 6－64 所示。

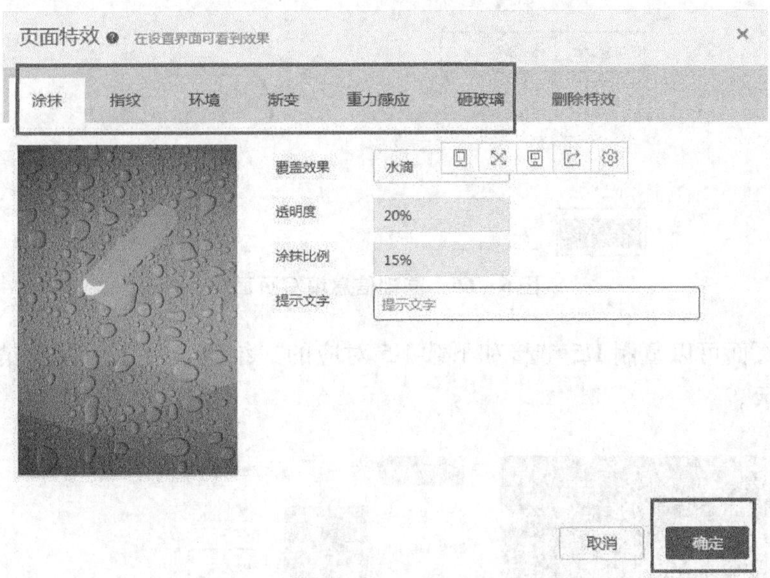

图 6－64　特效添加

步骤 5：点击“预览和设置”按钮，对 H5 效果进行预览，发现需要修改的地方可以及时进行修改，如图 6－65 所示。

图 6－65　“预览和设置”按钮

步骤6：检查无误后，填写H5基础信息，如图6-66所示，包括封面上传、标题填写、描述填写、翻页方式选择、作品访问状态选择，填写完成后，点击“发布”按钮。

图6-66 基础信息填写页面

在发布页面可以复制H5链接和下载H5对应的二维码，可于后续营销时使用，如图6-67所示。

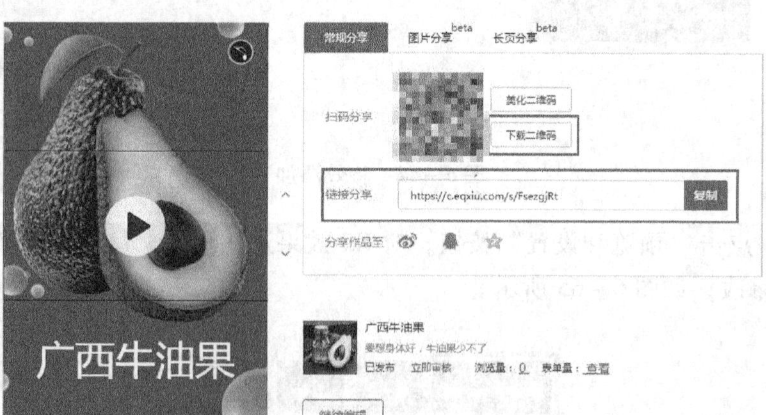

图6-67 复制链接与下载二维码

步骤 7：H5 发布后，在首页点击“推广管理”按钮，可以查看 H5 的统计数据，帮助企业即时掌握 H5 发布后的传播效果，如图 6－68 所示。

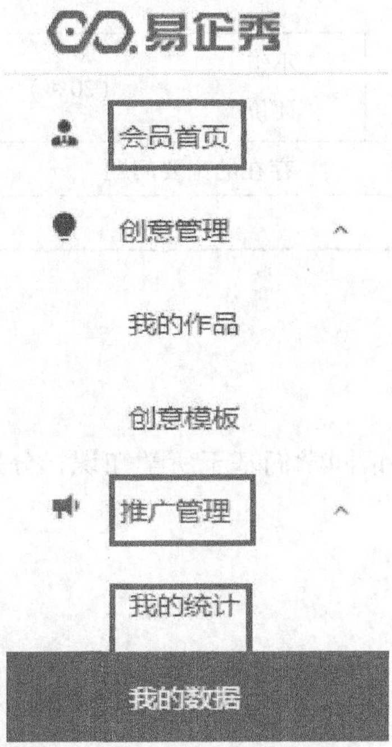

图 6－68　H5 统计数据

任务总结

本任务针对二维码营销及 H5 营销展开讲解，分别介绍了二维码营销及 H5 营销的优势，以及草料二维码生成器和易企秀的操作方法。学生在完成本任务内容的学习后，主要需要了解这两种营销的优势并掌握相应工具的使用方法。

任务评价

任务评价表	
任务完成方式	□小组协作完成 □个人独立完成
评价点	分值
是否能够阐述二维码营销的优势	10
是否能够熟练使用二维码营销工具	40
是否能够阐述 H5 营销的优势——易企秀	10
是否能够熟练使用 H5 营销工具——易企秀	40

续 表

任务评价表					
任务总成绩：					
自我评价	（20%）	小组评价	（20%）	教师评价	（60%）
存在的主要问题					

延伸练习

背景：

在永福罗汉果上市之际，请同学们基于所学知识，分别使用二维码和H5对罗汉果产品进行营销操作。

步骤：

①制作二维码。

②传播二维码。

③制作H5。

④发布H5，完成营销操作。

项目七　网店运营

任务一　运营工具

任务前导

在网店运营的过程中，会遇到各种问题，如流量不均、访客数少、转化率低、访问深度不够等，在解决这些问题的过程中，可以借助相应的工具，如生意参谋，是淘宝网官方提供的综合性网店数据分析平台，可为网店的运营提供决策依据；如逐鹿工具箱，提供丰富的软件集合，如查排名、选款选品、主图测评、关键词挖掘等，可全面提升网店经营效率；如店查查，主要提供多维度全方位的天猫店、淘宝店诊查服务，拥有关键词分析、历史价格查询、实时排名查询等功能。本任务就上述运营工具的使用，展开讲解。

任务实施

一、生意参谋

（一）生意参谋概况

生意参谋可为天猫或淘宝卖家提供流量、商品、交易等网店经营活动的数据展示、分析、解读、预测等功能，是淘宝网官方提供的综合性网店数据分析平台，在淘宝卖家后台左侧导航栏“数据中心”模块下点击“生意参谋”即可进入生意参谋后台，如图7－1所示。

（二）生意参谋功能展示及运用

生意参谋一再改版，最新版的生意参谋功能更加全面，主要体现在以下几个方面。

1. 首页

专属用户的个性化首页，全面展示网店运营的各项核心数据，包括实时概况、访客数、支付买家数等，如图7－2所示。

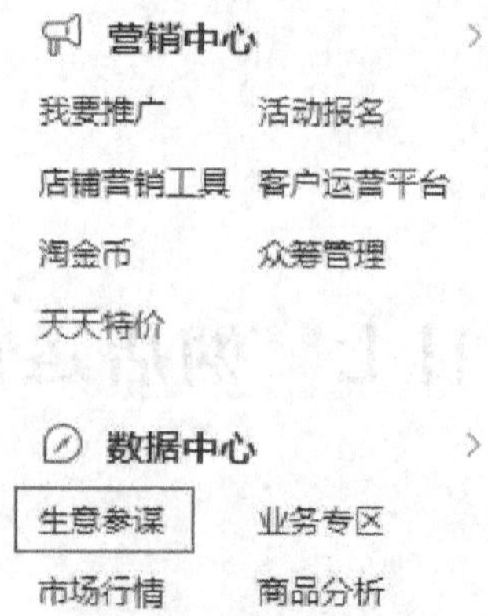

图 7－1　生意参谋入口

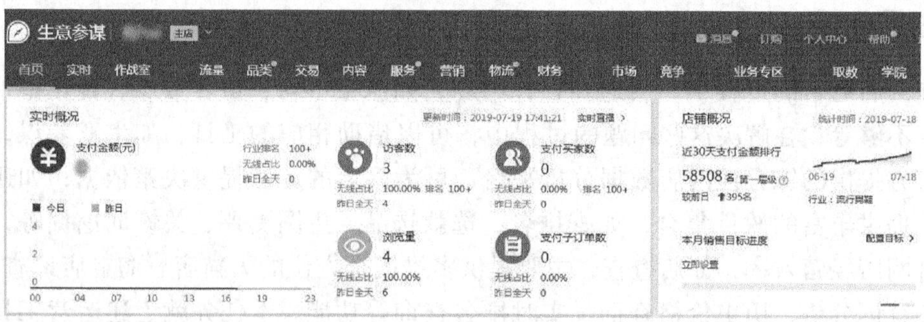

图 7－2　生意参谋首页

2. 实时直播

以网店实时动态数据为切入点，提供实时数据的查询与分析，包括实时概况、实时来源、实时榜单、实时访客、实时催付宝，如图 7－3 所示。网店卖家可洞悉实时数据，抢占生意先机。

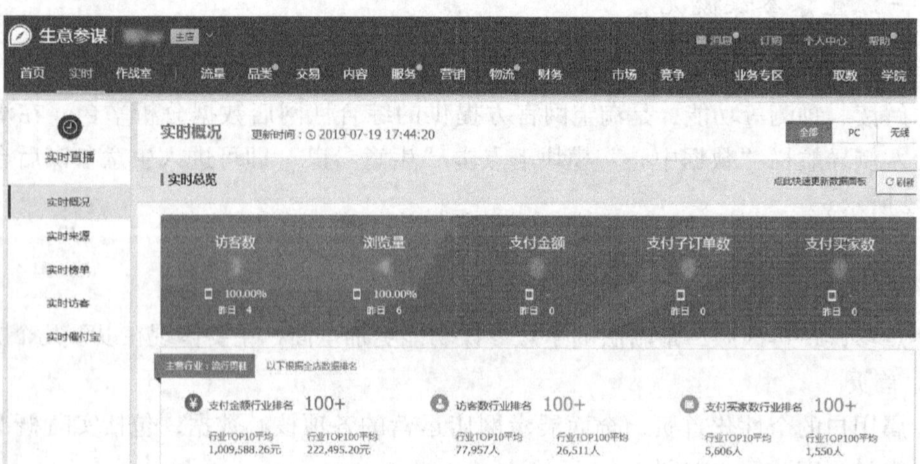

图 7－3　实时直播

3. 流量纵横

直观清晰地展现全店的流量概况、流量来源及去向，访客分析细化到访客分布、访客地域、消费层级、行为分布等，此外，关键词分析精准有效，“流量纵横”页面如图 7－4 所示。

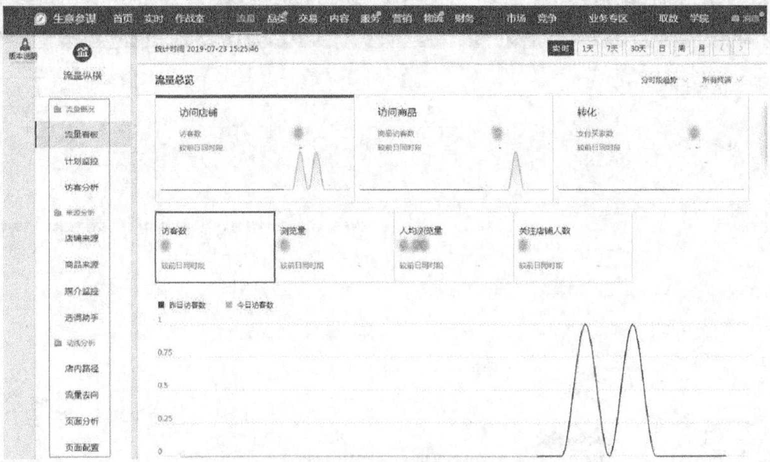

图 7－4　流量纵横

4. 品类罗盘

提供网店所有商品的详细效果数据，包括宏观监控、异常预警、商品 360 等，如图 7－5 所示。其中的核心指标监控包括商品访客数、商品平均停留时长、商品详情页跳出率、商品收藏人数等，可为商品详情页及关键词的优化提供依据。

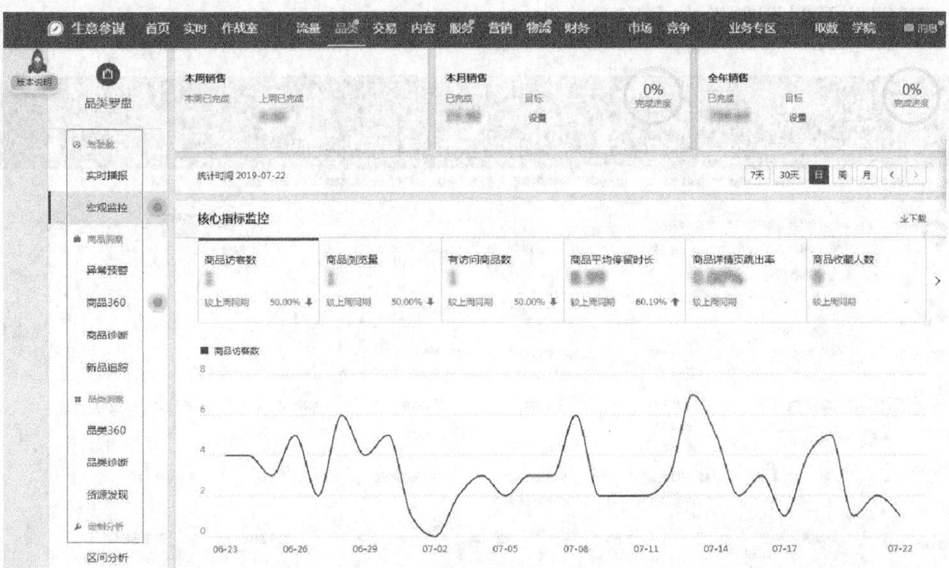

图 7－5　品类罗盘

5. 交易分析

包括交易概况、交易构成及交易明细，可从网店整体到不同维度细分网店交易情况，方便卖家及时掌控网店交易情况，如图 7 - 6 所示。

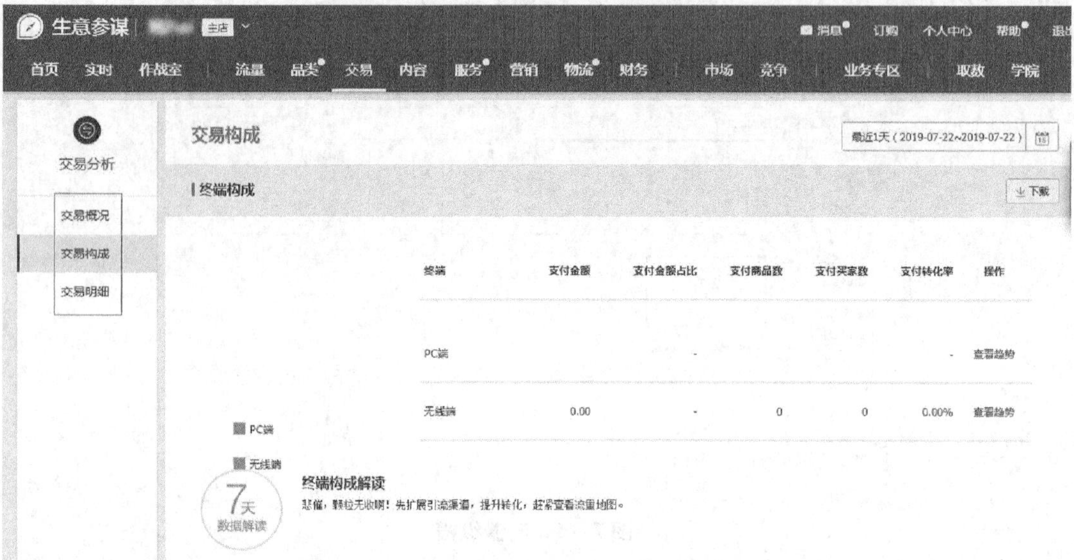

图 7 - 6　交易分析

6. 内容分析

提供网店发布内容的概况数据、粉丝关系等，如图 7 - 7 所示。其中通过渠道分析可以了解手淘微淘、手淘淘宝头条、手淘必买清单、手淘哇哦视频的引导进店次数及人数，可据此及时调整发布内容。

图 7 - 7　内容分析

7. 营销分析

主要展示网店内单品宝、店铺宝、搭配宝、店铺券、商品券的效果总览，如图 7 – 8 所示。

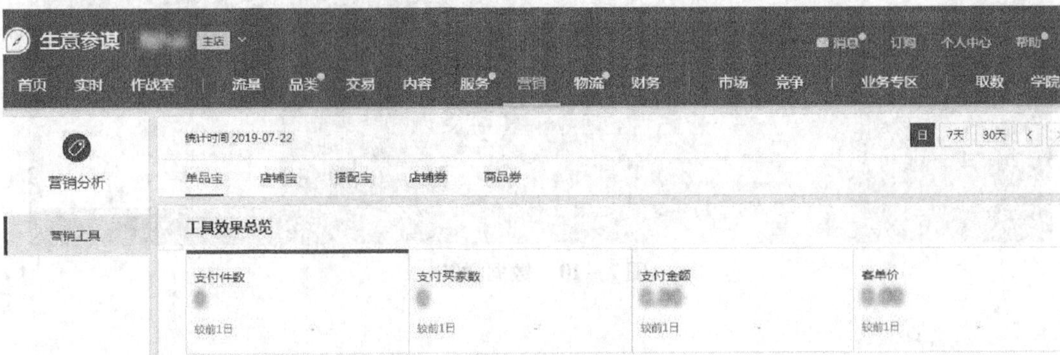

图 7 – 8　营销分析

8. 物流洞察

可了解网店的物流概况、物流分布及物流异常，发现问题并及时寻求合理的解决方案，如图 7 – 9 所示。

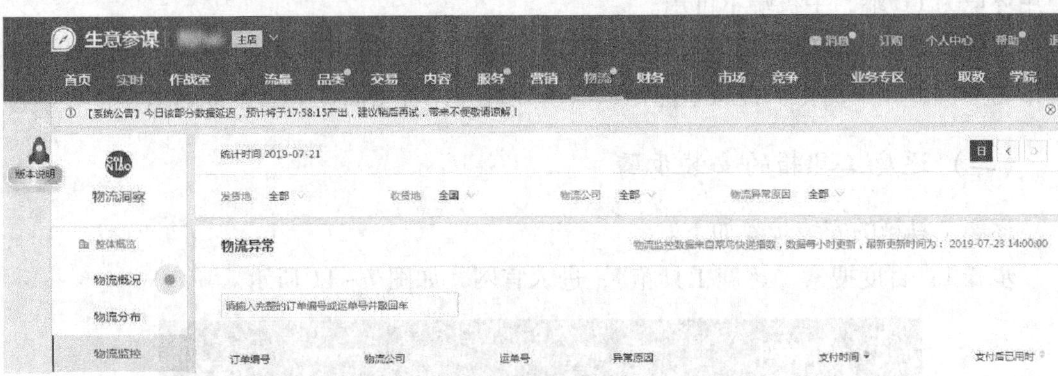

图 7 – 9　物流洞察

9. 取数分析

提供数据定制、查询、导出等高端数据服务，灵活可配置，周期可定制。

10. 数据学院

数据学院是生意参谋团队致力培养卖家数据化运营能力的学习互动平台，帮助商家快速了解生意参谋产品功能，理解数据意义，提升数据化运营能力，如图 7 – 10 所示。

此外，生意参谋还包括数据作战室、财务分析、市场洞察等订购功能，可实时追踪经营动态，卖家可根据自身需求进行订购。

图7－10　数据学院

二、逐鹿工具箱

（一）逐鹿工具箱概况

逐鹿工具箱是淘宝、微信网络营销必备工具软件。其对系统的要求是 WIN7/8/10，使用环境为 PC 端，手机端不可用。

其中针对淘宝软件的功能包括查排名、选款选品、主图测评、关键词挖掘、关键词市场分析、SEO 优化、直通车优化、活动分析等，可全面提升店铺经营效率。

（二）逐鹿工具箱的安装步骤

逐鹿工具箱的安装步骤如下。

步骤 1：百度搜索“逐鹿工具箱”，进入官网，如图 7－11 所示。

图7－11　逐鹿软件官网

步骤2：双击已下载的“逐鹿工具箱”安装文件，在弹出的页面中点击“下一步”，随后点击“我接受”许可证协议，如图7－12、图7－13所示。

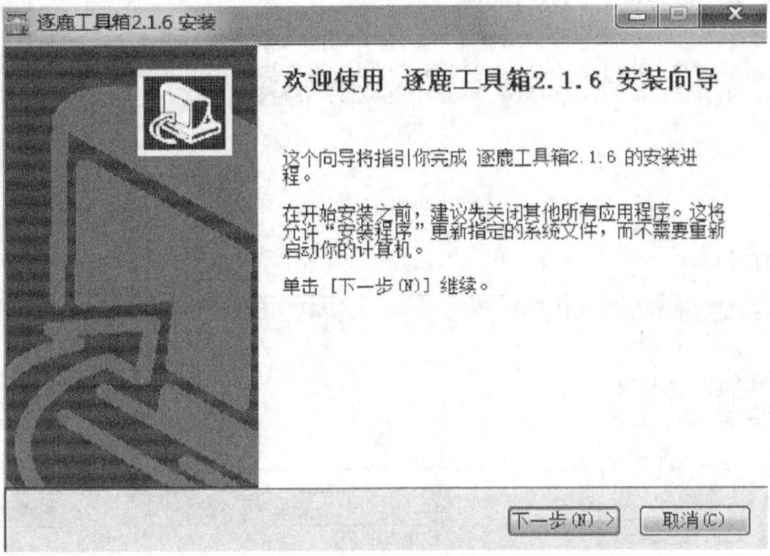

图7－12　逐鹿工具箱安装向导

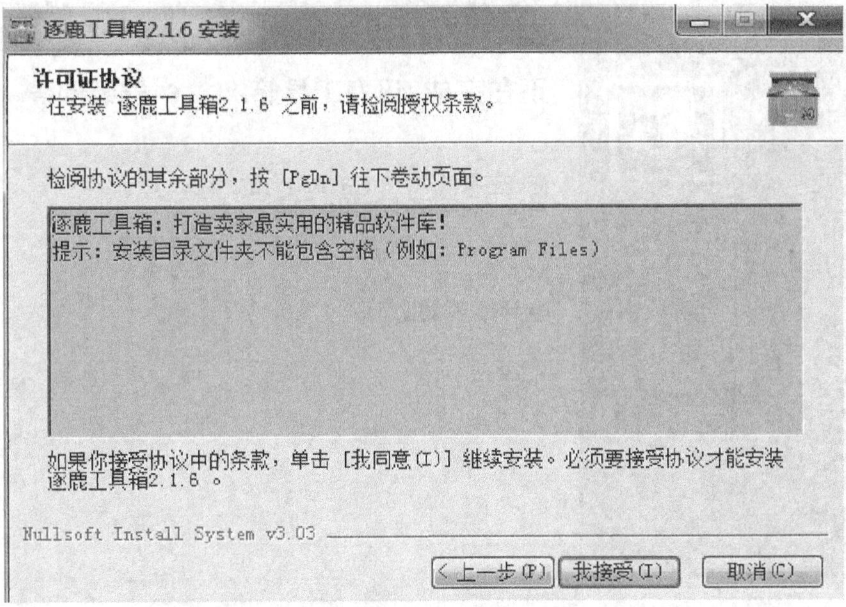

图7－13　逐鹿工具箱许可证协议

步骤3：选择安装“逐鹿工具箱”的位置，随后点击“安装”，安装完成后，点击“完成”即可，如图7－14、图7－15所示。

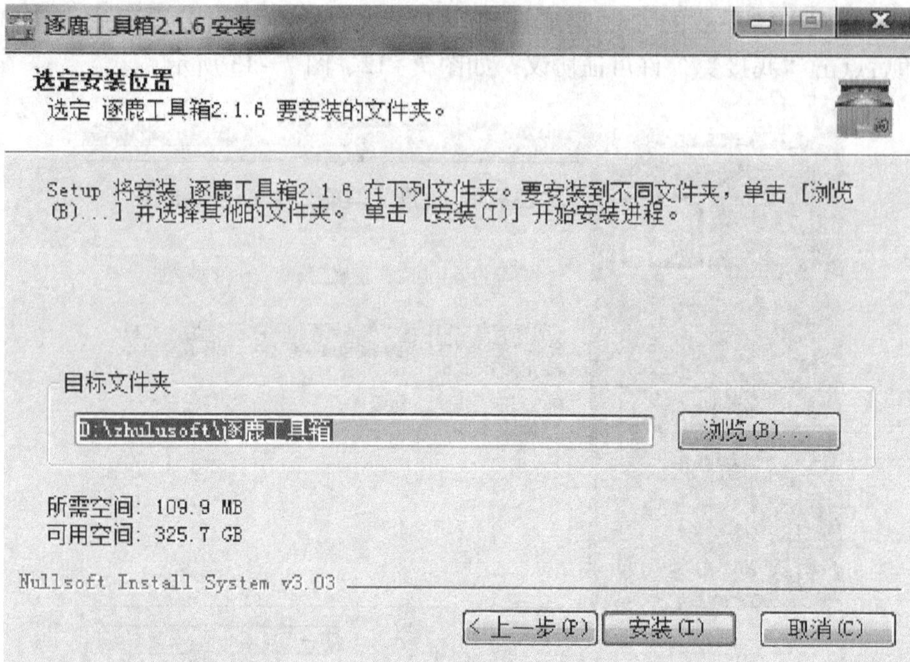

图 7 – 14　安装软件

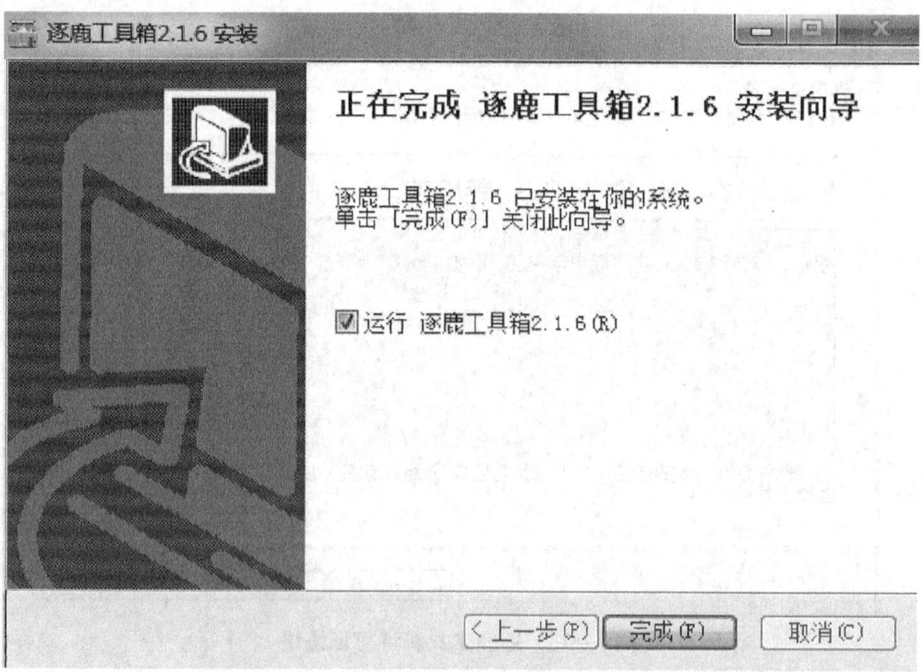

图 7 – 15　安装完成

步骤 4：打开“逐鹿工具箱”，点击免费注册，依次填写注册信息，随后点击“同意服务协议并注册”，完成注册，如图 7 – 16、图 7 – 17 所示。

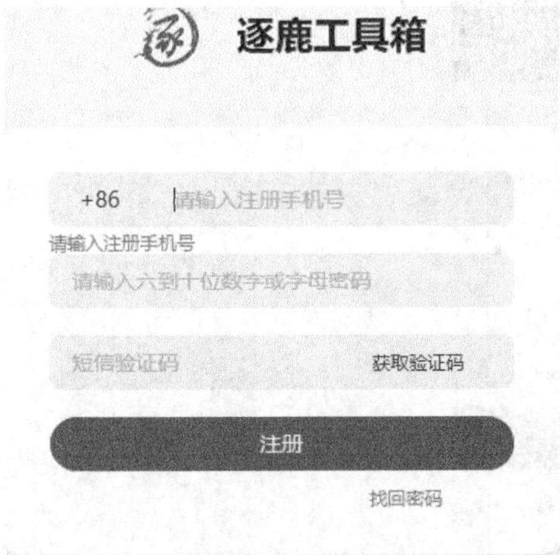

图 7－16　免费注册

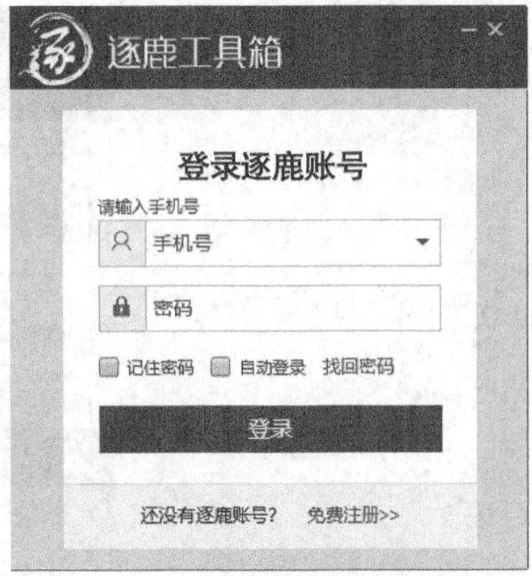

图 7－17　填写注册信息

步骤 5：注册完成后，进入“逐鹿工具箱”的首页，如图 7－18 所示。

图 7－18　“逐鹿工具箱”首页

（三）逐鹿工具箱主要软件功能展示及运用

逐鹿工具箱的软件多样，包括排名查询、选品＋市场分析、选词＋淘宝 SEO 等，如图 7－19 所示。

图 7－19　软件分类

“逐鹿工具箱”的软件分为免费类和付费类，下面对其常用的软件功能进行展示。

1. 逐鹿即时查询排名软件

逐鹿查询排名软件，可以查单个关键词或多个关键词对应网店的宝贝排名，排名模式包括“默认”“人气”“销量”“直通车”，简单实用。具体应用如下所示。

步骤 1：在软件后点击“安装”，如图 7－20 所示。

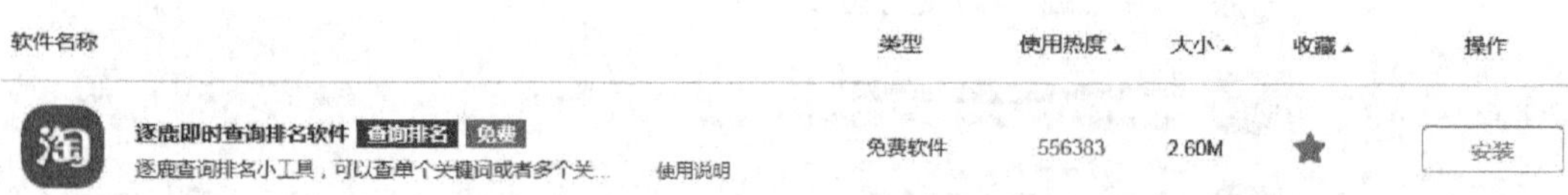

图 7－20　安装软件

步骤 2：打开软件，在“WAP 端排名”界面，选择“排序方式”，随后输入宝贝 ID 或网店旺旺号。完成后，输入要查询的关键词，一行一个；输入要查询的页数范围，建议在前 5 页，设置完成后，点击查询按钮，如图 7－21 所示。

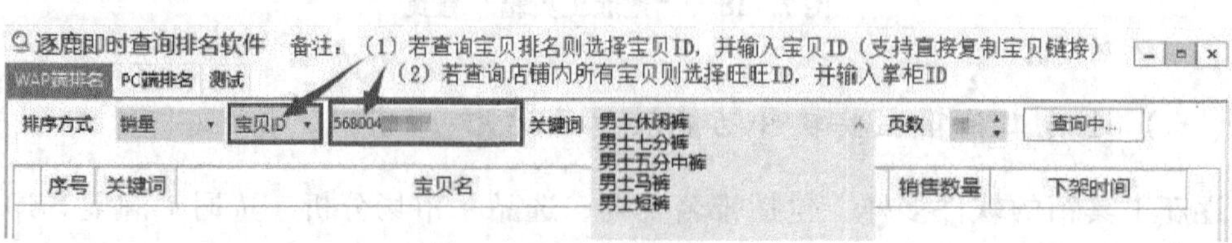

图 7－21　查询页面

步骤3：查询完成后，查询结果如图7－22所示。

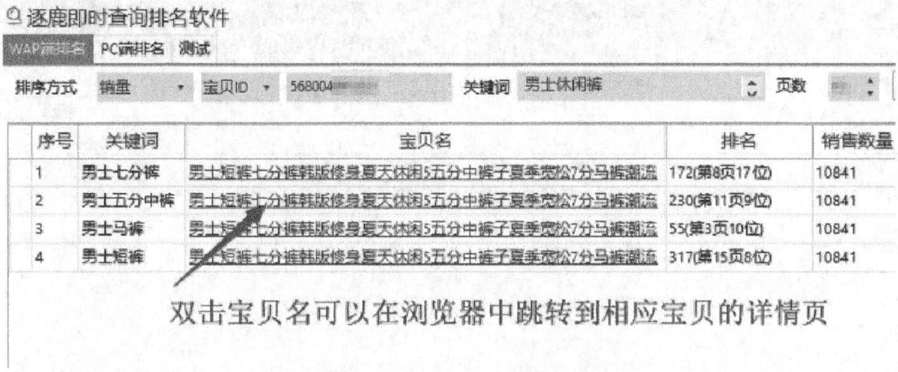

图7－22　查询结果

2. 逐鹿爆款词分析软件

爆款词分析软件主要针对类目主关键词进行市场分析，涵盖搜索展示页面宝贝的下架时间、浏览量、收藏量、折扣情况、信誉、宝贝类目等详细数据，并对这些元素进行数据分析以找出或透视自己的竞争宝贝，通过下架时间的精准计算来避开强势宝贝的排名竞争，从而最大可能在所选定的下架时间拿到首页排名流量。具体应用如下所示。

步骤1：在软件后点击“安装”，如图7－23所示。

图7－23　安装软件

步骤2：打开软件，使用淘宝账号登录，登录成功后进入软件，如图7－24、图7－25所示。

图7－24　登录账号页面

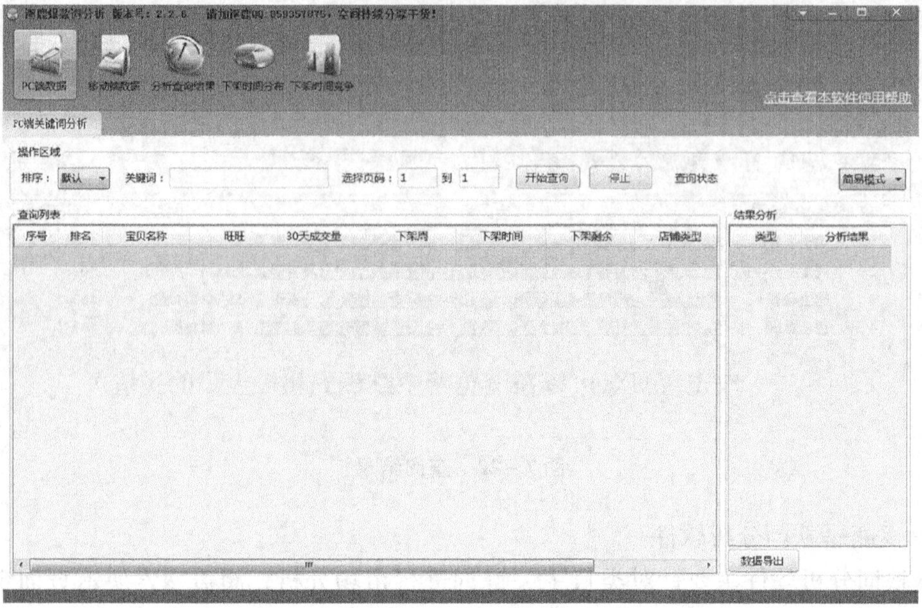

图 7－25　软件首页

步骤 3：在“PC 端关键词分析”界面，选择查询的排序方式，输入需要查询的关键词，设置查询的页码，点击查询。查询完成后，停止按钮后会有文字提示，可点击界面右下角下拉框选择数据显示模式，其中完整模式可以显示更多参数，如图 7－26 所示。

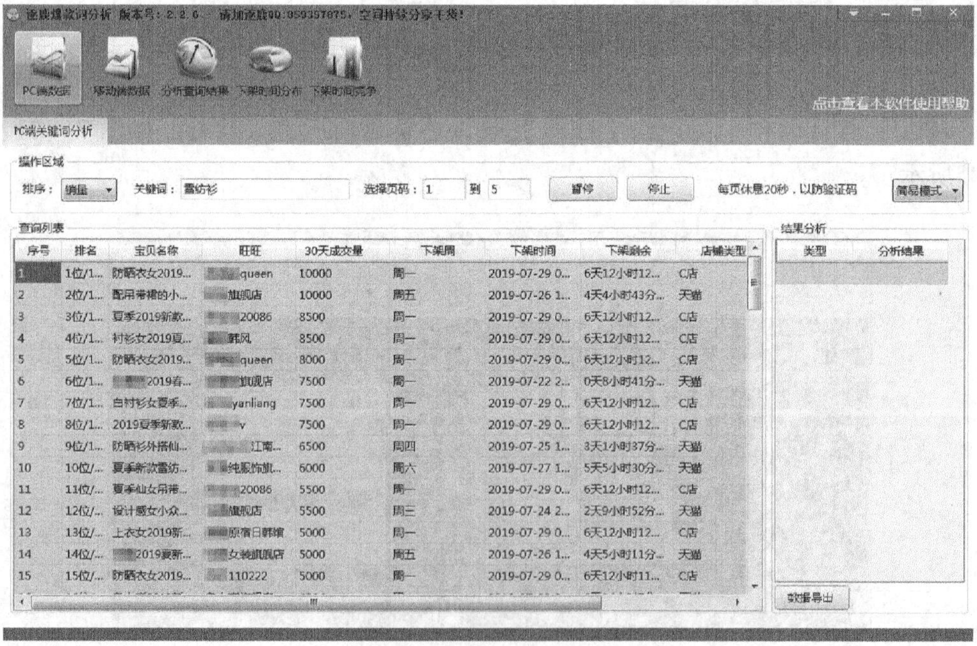

图 7－26　数据查询结果

步骤4：点击“数据导出”，可以将获取到的数据保存到本地，如图7－27所示。

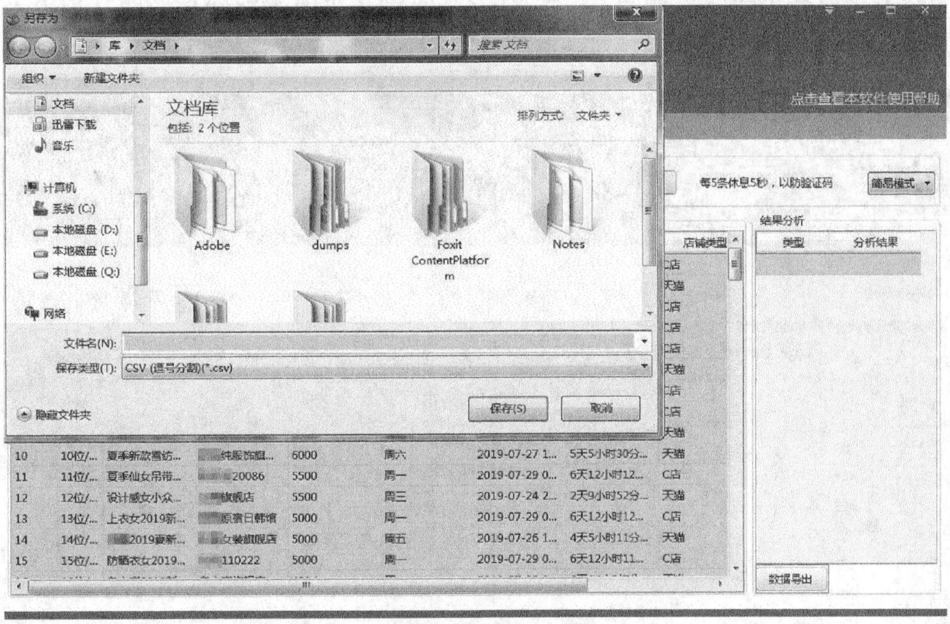

图7－27　数据导出

步骤5：点击“分析查询结果”选项，勾选需要查看的数据类型，在下拉框中选择需要分析的选项，结果就会显示在左下方列表和右边的结果区域，如图7－28所示。

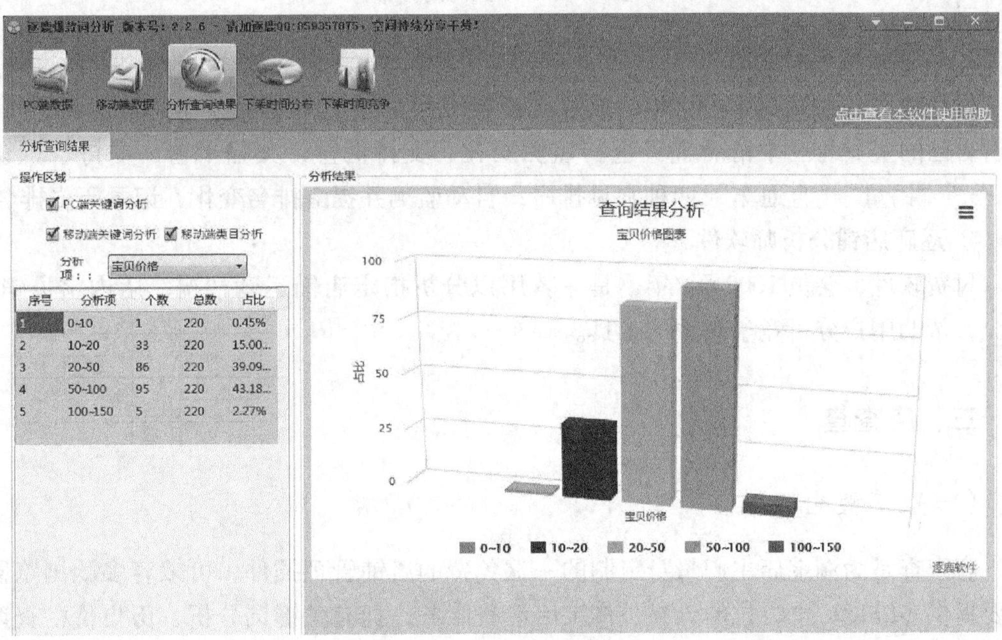

图7－28　分析查询结果页面

步骤6：点击“下架时间分布”选项，勾选需要查看的数据类型，结果就会显示在列表和下方的分布图内，如图7－29所示。点击分布图中的点，产品详情会显示在界面下方。

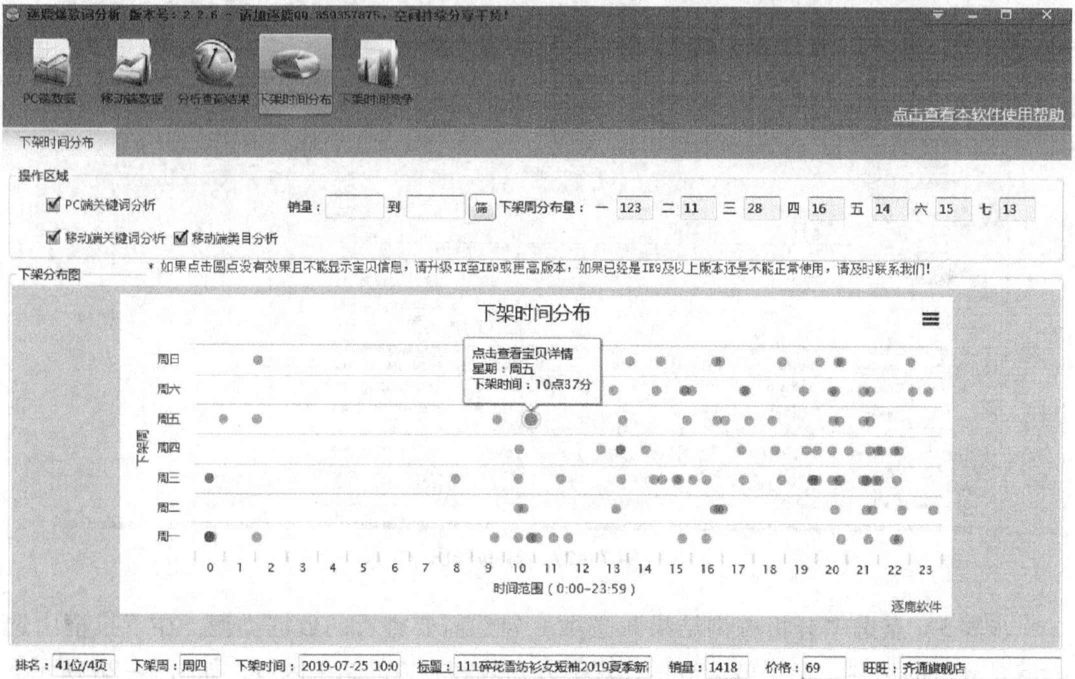

图7－29　下架时间分布

3. 逐鹿排名监控软件

付费软件，会员1000元/年，独家支持宝贝和竞品历史监控数据趋势对比，可同时对自己的宝贝与三个精品宝贝进行监测对比；支持淘宝、天猫平台，支持“默认”“人气”“销量”“直通车”四种常见排序；自动监测并提醒排名变化，记录历史排名。

4. 逐鹿店铺分析师软件

付费软件，会员1000元/年，是一款用以分析指定店铺运营情况、店内宝贝销售情况，帮助用户分析竞争对手的工具。

三、店查查

（一）店查查概况

店查查是为淘宝店主们量身定制的一款免费的店铺管理插件，可兼容多款浏览器，主要提供多维度、全方位的天猫、淘宝店诊查服务，拥有关键词分析、历史价格查询、实时排名查询等功能。淘宝店主可以通过店查查将自身店铺与对手店铺进行全方位分析比较，帮助淘宝店主提升店铺流量。

（二）店查查插件安装

店查查虽然可以使用网页版，但相比较而言，店查查插件可以展现更多的宝贝数据，历史价格、上下架时间、宝贝活动等一目了然，具体安装步骤如下。

步骤1：百度搜索“店查查插件”，如图7－30所示。

图7－30　百度搜索

步骤2：进入页面后，点击“一键在线安装”，如图7－31所示。

图7－31　安装插件

步骤3：安装完成后，打开淘宝网，随后搜索关键词“雪纺衫”，如图7－32所示。

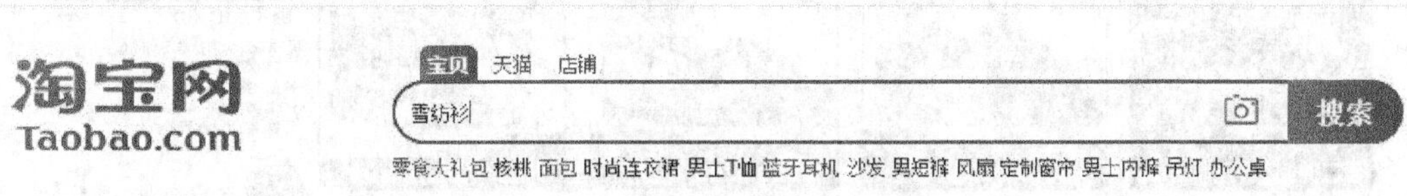

图7－32　淘宝网搜索

步骤4：如在搜索结果页顶部显示店查查工具，则说明已经安装成功，如图7－33所示。

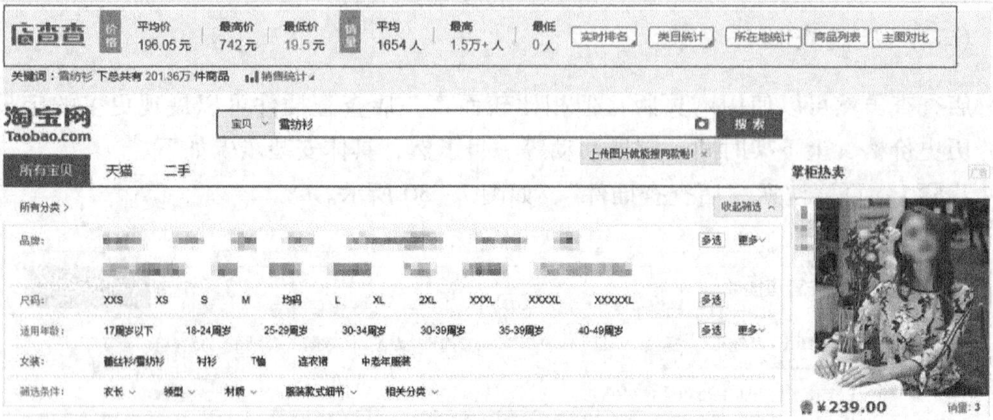

图 7－33　店查查插件安装成功

（三）店查查插件的主要功能展示及运用

安装店查查插件后，登录淘宝网搜索产品即可看到相关信息，但展示在不同位置，功能也是不同的。

1. 淘宝搜索列表顶部

功能：当前列表页面统计信息，包括平均价、最高价、最低价、平均销量、最高销量、最低销量等。

例如，在淘宝网搜索“坚果”，顶部列表信息如图 7－34 所示。

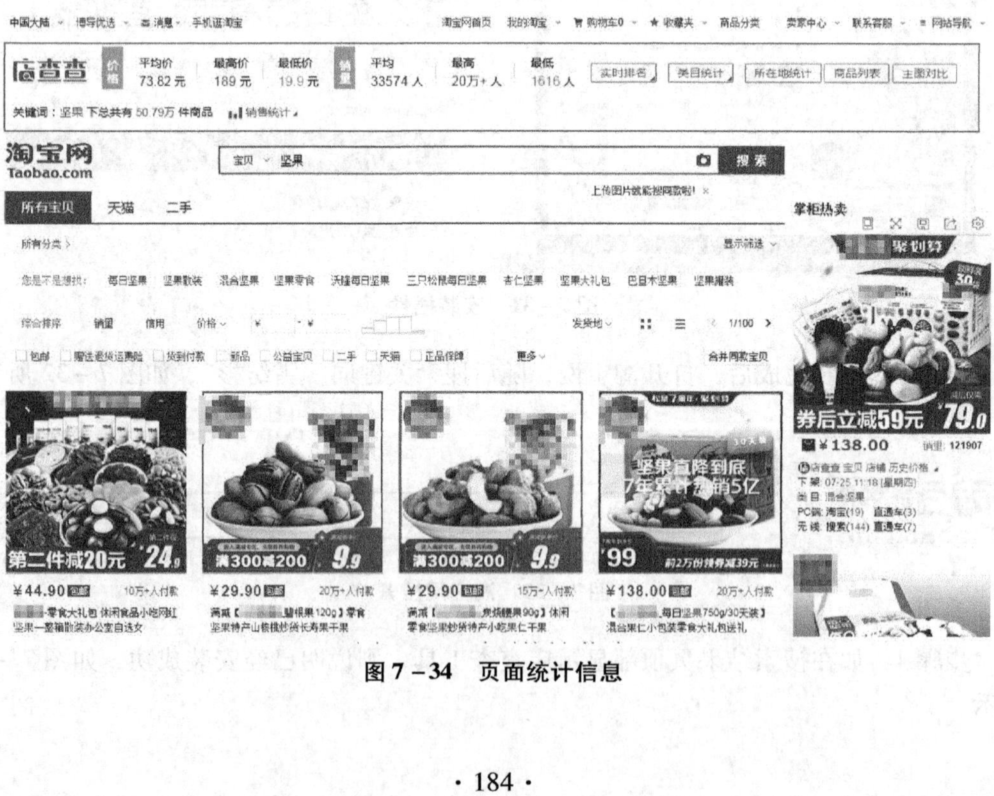

图 7－34　页面统计信息

2. 每个宝贝下的工具栏

功能：可以查看每个宝贝的下架时间、类目、历史价格等，继续以“坚果”为例，下拉页面，在每个宝贝下可以查看具体信息，如图 7－35 所示。

图 7－35　单个宝贝具体信息

（1）历史价格。点击宝贝下的“历史价格”选项，可以查看半年内宝贝的价格浮动，如图 7－36 所示。

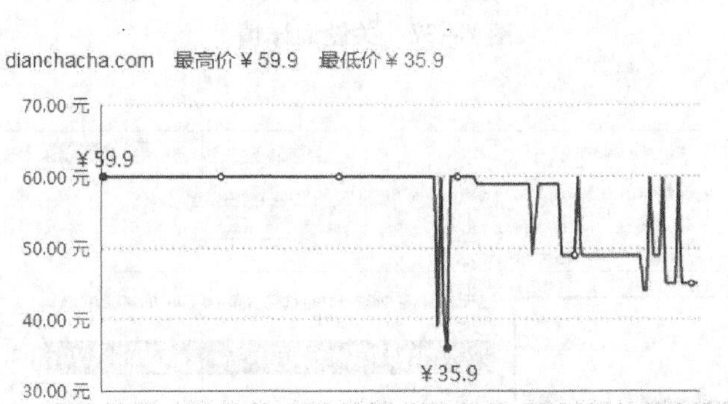

图 7－36　历史价格

（2）关键词详情。点击“PC 端：淘宝”，括号中的数字代表关键词的数量，如图 7－37 所示。

3. 宝贝详情页

功能：可以查看每个宝贝的下架时间、类目、历史价格、同款货源、优惠券、聚划算信息等。在“坚果”搜索页选择一款产品查看详情，如图 7－38 所示。

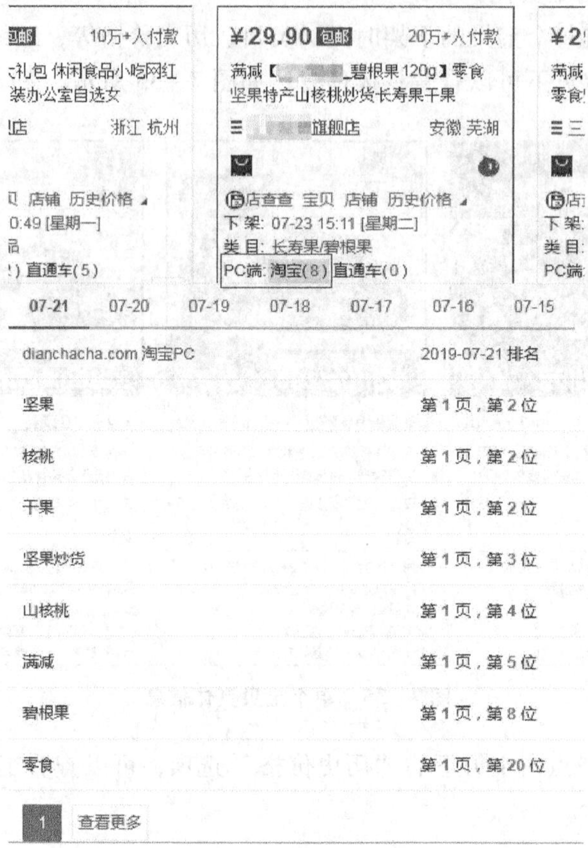

图 7－37　关键词详情

图 7－38　宝贝详情页

(1) 搜索实时排名。该功能可以让用户在本地快速定位宝贝在特定关键词下的位置，店查查宝贝排名查询可能受到个性化因素影响，显示的是大致位置，如图 7－39 所示。

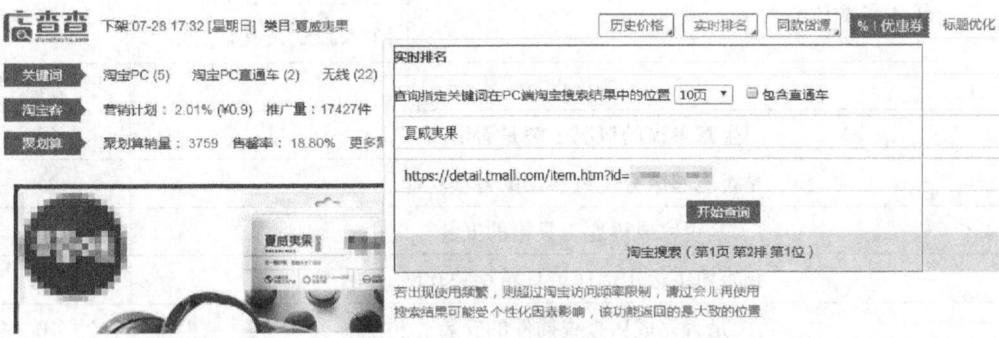

图 7－39　实时排名

(2) 同款货源。点击"同款货源"可以看到该款产品在 1688（阿里巴巴采购批发网）上的同款货源，如图 7－40 所示。

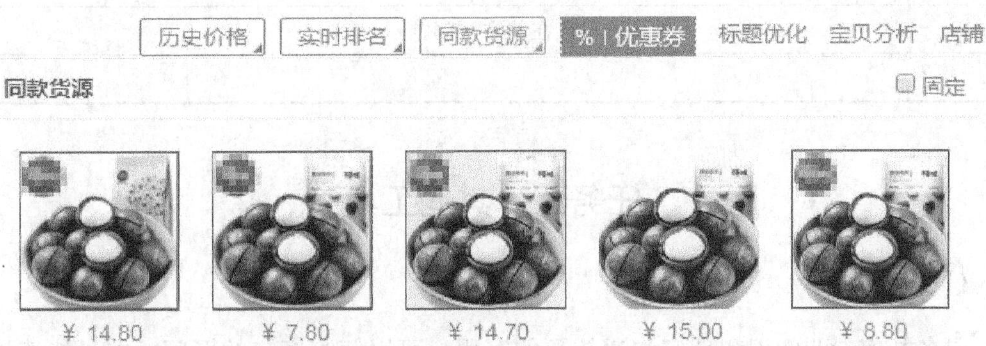

图 7－40　同款货源

此外，在宝贝详情页还可以查看淘宝客、聚划算等功能，可根据自身需求灵活运用。

任务总结

本任务主要讲解了生意参谋、逐鹿工具箱、店查查等运营工具的各项功能及特点，学生重点掌握如何灵活运用上述工具协作网店运营。本任务内容偏重实训，学生需在课堂内外加强练习。

任务评价

<table>
<tr><td colspan="6">任务评价表</td></tr>
<tr><td colspan="2">任务完成方式</td><td colspan="4">□小组协作完成
□个人独立完成</td></tr>
<tr><td colspan="5">评价点</td><td>分值</td></tr>
<tr><td colspan="5">生意参谋的概况了解是否清晰</td><td>10</td></tr>
<tr><td colspan="5">是否能够区分生意参谋的各项功能</td><td>25</td></tr>
<tr><td colspan="5">是否完成逐鹿工具箱的安装</td><td>10</td></tr>
<tr><td colspan="5">是否熟练运用逐鹿工具箱相关软件</td><td>25</td></tr>
<tr><td colspan="5">是否完成店查查插件的安装</td><td>10</td></tr>
<tr><td colspan="5">是否掌握店查查相关功能的运用</td><td>20</td></tr>
<tr><td colspan="6">任务总成绩：</td></tr>
<tr><td>自我
评价</td><td>（20%）</td><td>小组
评价</td><td>（20%）</td><td>教师
评价</td><td>（60%）</td></tr>
<tr><td colspan="6">存在的主要问题</td></tr>
<tr><td colspan="6"></td></tr>
</table>

任务二　其他工具

任务前导

具备扎实专业知识和良好沟通技巧的客服，可以解答客户的疑问，并且快速地对客户售前、售后问题给予反馈，从而更好地服务客户，在这个过程中，可以借助客服宝，保证整个客服团队沟通话术的统一性与高效率。此外，在团队人员管理上，可以借助石墨文档实现多人同时在同一文档及表格上进行编辑和实时讨论，避免团队沟通信息的不对称和延迟获取，影响沟通效果。

任务实施

一、客服宝

（一）客服宝概况

客服宝是一款即时聊天辅助软件，能够自动吸附在微信、QQ、千牛商务通各类聊天软件的旁边，只需将客户常见问题的优质回复内容放置在客服宝中，在需要时可一键发送给客户，大大提高回复速度。此外，一套优质话术可多人共享，实时同步和漫游，良好及统一的客服团队沟通技巧，可在提升客户满意度的同时，有效提升订单转化率，如图 7 - 41 所示。

图 7 - 41　客服宝

（二）客服宝的使用

客服宝在使用前需要安装并注册，具体步骤如下。

步骤 1：在浏览器中输入网址 www. kefubao. cc 进入客服宝官网。

步骤 2：进入官网后点击“电脑版下载”，下载软件并完成安装。

步骤 3：打开已安装的软件，进入登录界面，如图 7 - 42 所示。

图 7 - 42　客服宝登录界面

步骤 4：点击页面下方的“注册账号”，随后按步骤完善各项注册信息，如图 7 - 43、图 7 - 44 所示。注册成功后，系统会分配工号，如图 7 - 45 所示。

图 7－43　注册账号（1）

图 7－44　注册账号（2）

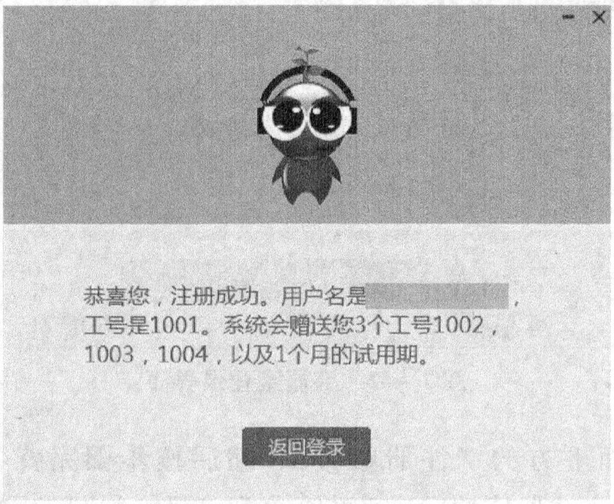

图 7－45　注册成功

步骤5：注册成功后，登录账号，进入主页后点击右下角的“设置”按钮，可以设置吸附的工具、显示模式等，如图7－46、图7－47所示。

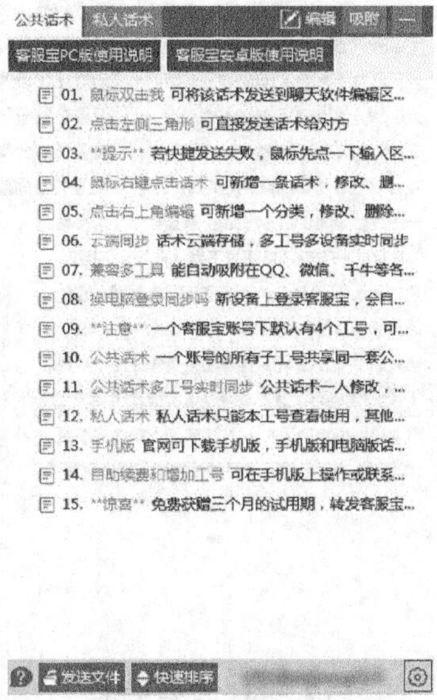

图7－46　客服宝主页

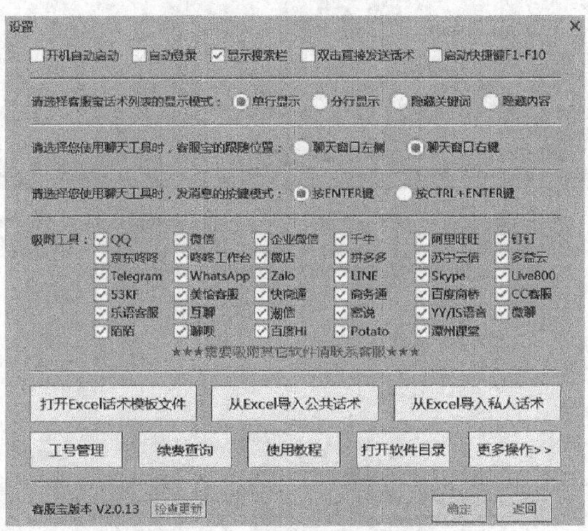

图7－47　客服宝设置页面

步骤6：设置完成后，可以在主页分别编辑“公共话术”和“私人话术”。“公共话术”客服团队可共同使用，保证了回复的统一性和高标准；“私人话术”只有本人才可以使用，其他人无法查看及使用。此外，编辑的话术PC端、手机端可实时同步。以公共话术的编辑为例，点击“新建话术”，随后输入关键词和对应的话术内容，点击确定即可添加到公共话术，如图7－48、图7－49所示。

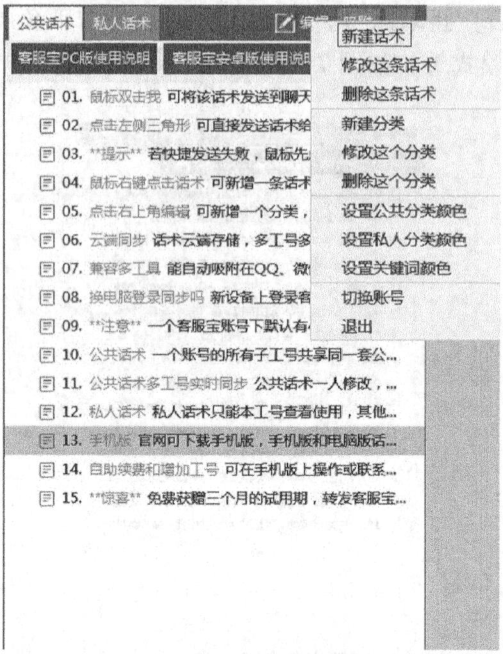

图 7－48　新建话术

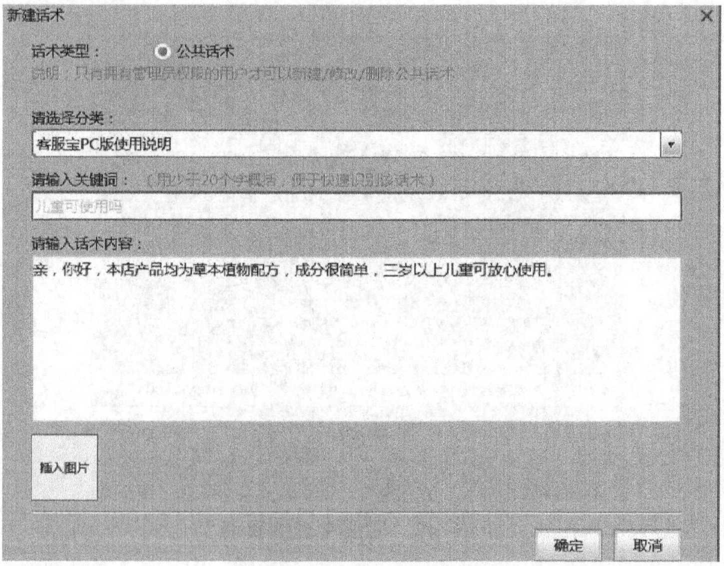

图 7－49　编辑话术

步骤 7：话术添加完成后，登录 QQ 或阿里旺旺，随后点击页面上方的“吸附”，客服宝即可吸附在对应的软件上，如图 7－50 所示为吸附后的效果。客户提出的问题有对应的回复话术时，鼠标点击对应的内容即可一键发送，如图 7－51 所示。

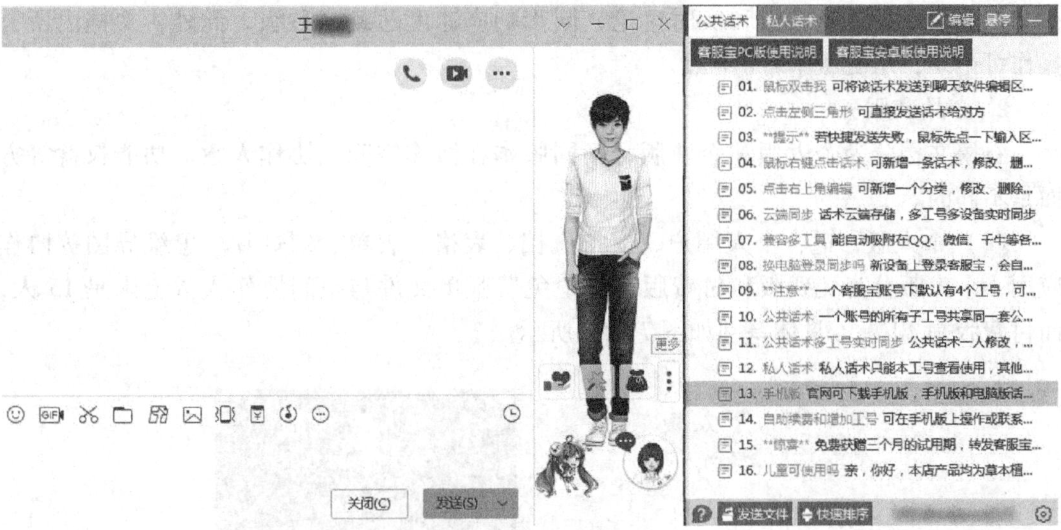

图 7－50 软件吸附

图 7－51 一键回复信息

公共话术的内容可以在后期逐渐补充完善，并进行排序，保证在需要时可以快速找到相应的回复内容。

二、石墨文档

（一）石墨文档概况

1. 文档概况

石墨文档是一款在线写作文档工具，PC 端和移动端全覆盖，可实现多人同时在同一文档及表格上进行编辑和实时讨论，同步响应速度达到毫秒级，此外，文档内所有操作可记录，历史版本可追溯。

2. 产品和服务

石墨文档分为个人版和企业版，不同版本在协作空间、协作人数、功能权益等方面是不同的。

（1）个人版，适合个人用户，支持文档、表格、表单、幻灯片、思维导图等协作应用，个人版分为免费版和付费版，其中免费版单文件与空间协作人数上限是15人，而付费版是20人，具体差别如图7－52所示。

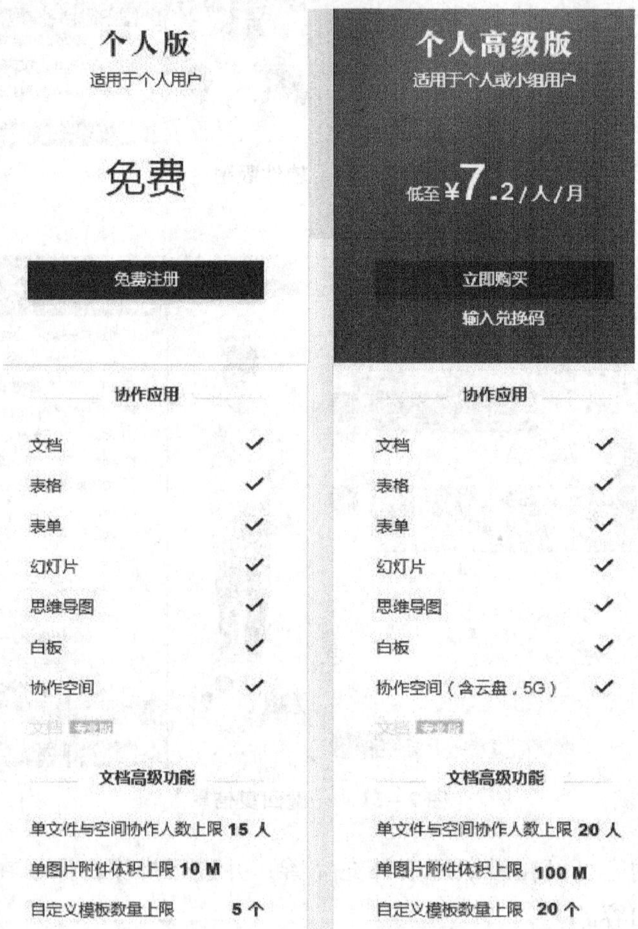

图7－52 石墨文档个人版

（2）企业版，具备基础管理和安全功能，适用于有协作需要的团体或企业。企业版还包括企业高级版和私有部署版，企业高级版适用于对组织管理、文件安全、系统集成有更高要求的企业或集团；私有部署版适用于有本地私有化部署需求的客户，企业版不同版本之间价格、协作空间、功能权益之间存在差异，如图7－53所示。

图 7－53　石墨文档企业版

（二）石墨文档的使用

石墨文档 PC 端和移动端全覆盖，这里以 PC 端的使用为例进行讲解，具体步骤如下。

步骤 1：百度搜索“石墨文档”，进入官网，如图 7－54 所示。

图 7－54　石墨文档官网

步骤 2：点击免费使用，进行个人版注册，可使用手机或邮箱进行注册，也可微信扫码一键注册，如图 7－55 所示。

步骤 3：进入页面后，点击“新建”，可以创建需要的文件类型：文档、表格、幻灯片、思维导图、白板等，如图 7－56 所示，也可以直接导入已有文档，点击“导入”，即可将如图 7－57 所示的文件类型导入并进行编辑。

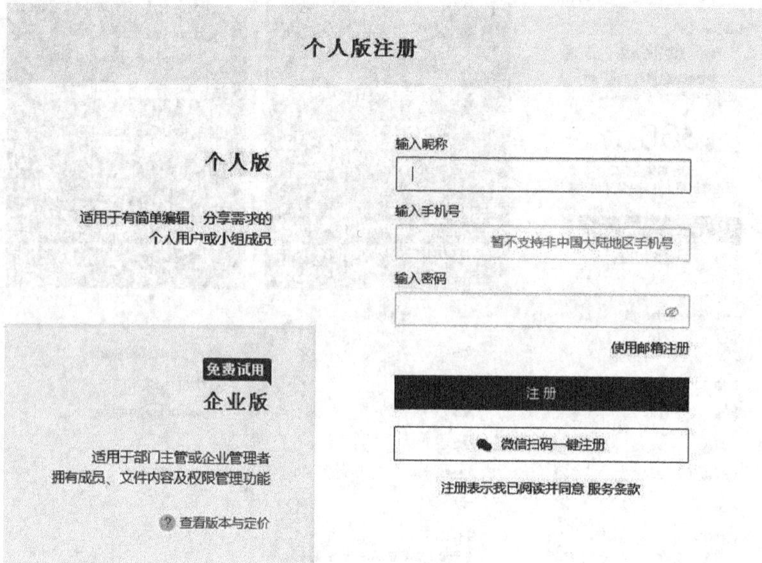

图 7－55　账号注册

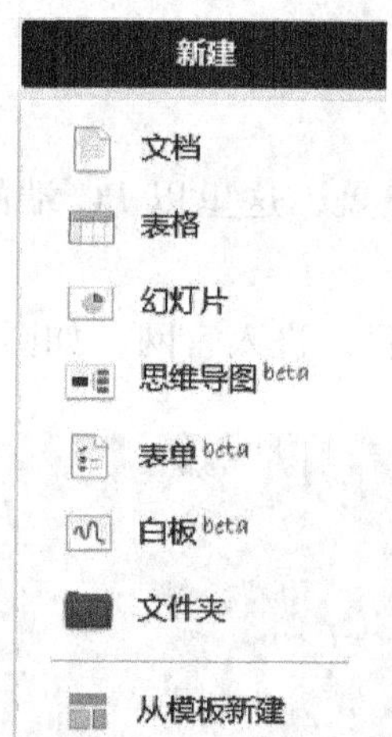

图 7－56　新建文件类型

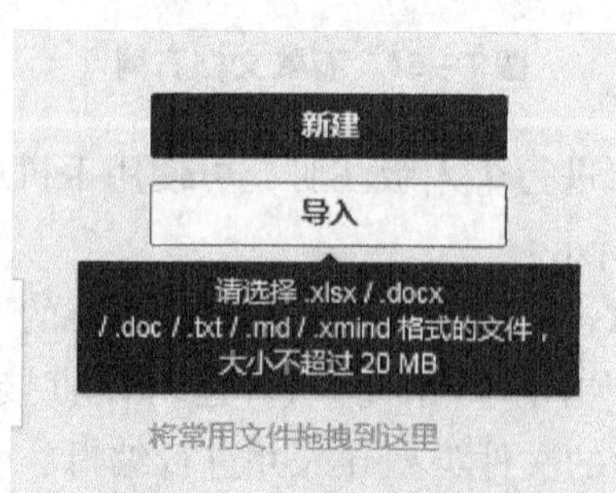

图 7－57　导入文件类型

步骤4：这里我们选择新建文档，如图7－58所示。

图7－58　新建文档

步骤5：根据自身需求输入标题和内容，可在工具栏调整字体和颜色，也可以插入图片、表格、超链接等，该文档可自动保存。

步骤6：编辑完成后，可以点击“分享”按钮，开启“公开分享”，获得文档链接的人员就可以访问文档并进行编辑，如图7－59所示。

图7－59　公开分享

步骤7：点击文档后的“加号”按钮，就可以对文档进行评论，不同人员的操作清晰可见，如图7－60所示。

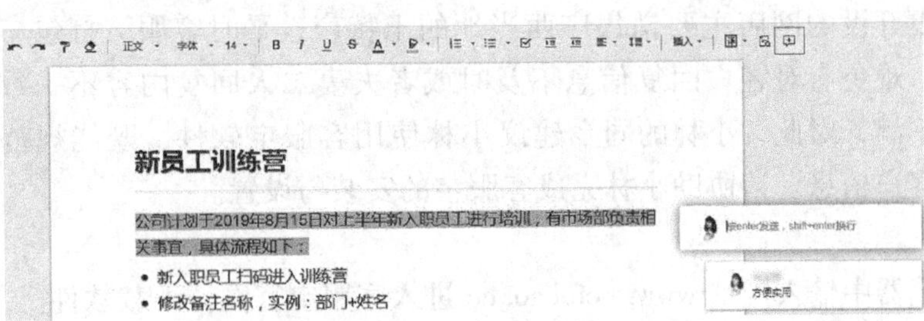

图7－60　评论功能

石墨文档中的表格、幻灯片、思维导图操作步骤相似，在课后可根据自身需要进行操作。

任务总结

本任务主要讲解了客服宝的注册和使用技巧，石墨文档的版本区别以及使用过程中的注意事项。学生应重点掌握这两类工具在具体工作中的应用，并在课后加强练习，保证工具的熟练应用。

任务评价

<table>
<tr><td colspan="6">任务评价表</td></tr>
<tr><td colspan="2">任务完成方式</td><td colspan="4">□小组协作完成
□个人独立完成</td></tr>
<tr><td colspan="5">评价点</td><td>分值</td></tr>
<tr><td colspan="5">是否完成客服宝公共话术添加</td><td>20</td></tr>
<tr><td colspan="5">是否熟练应用客服宝回复信息</td><td>30</td></tr>
<tr><td colspan="5">是否能够区分石墨文档的不同版本</td><td>20</td></tr>
<tr><td colspan="5">是否能够在石墨文档创建并编辑各类文件</td><td>30</td></tr>
<tr><td colspan="6">任务总成绩：</td></tr>
<tr><td>自我
评价</td><td>（20%）</td><td>小组
评价</td><td>（20%）</td><td>教师
评价</td><td>（60%）</td></tr>
<tr><td colspan="6">存在的主要问题</td></tr>
<tr><td colspan="6"></td></tr>
</table>

延伸练习

背景：

小林夫妻开设的网店主要销售广西当地的土特产，平时客服、打包、发货均由夫妻二人承担，难免有对客户回复信息不及时或者夫妻二人回复内容不一致的问题，容易招致客户不满，对此，小林的同乡建议小林使用客服宝软件，既能规范话术，也能够快速回复客户信息。请协助小林完成客服宝的安装与设置。

步骤：

①在浏览器中输入网址 www. kefubao. cc 进入客服宝官网，下载软件。

②注册并登录账号。

③设置需要吸附的软件。

④编辑“公共话术”。

⑤登录聊天软件并在客服宝点击吸附。

⑥针对客户咨询问题一键回复。

参考文献

[1] 王涛. 网络营销实务 [M]. 北京：机械工业出版社，2016.

[2] 金静梅. 网络营销——概念、工具、方法、实战 [M]. 北京：北京理工大学出版社，2018.

[3] 张向南，勾俊伟. 新媒体运营实战技能 [M]. 北京：人民邮电出版社，2019.